Gütersloher Taschenbücher / Siebenstern 379

D1730482

Oswald Bayer

Zugesagte Freiheit

Zur Grundlegung theologischer Ethik

Gütersloher Verlagshaus
Gerd Mohn

Originalausgabe

CIP-Kurztitelaufnahme der Deutschen Bibliothek

Bayer, Oswald:
Zugesagte Freiheit: zur Grundlegung theol.
Ethik / Oswald Bayer. – Orig.-Ausg. – Gütersloh:
Gütersloher Verlagshaus Mohn, 1980.
(Gütersloher Taschenbücher Siebenstern; 379)
ISBN 3-579-00379-8

ISBN 3-579-00379-8

© Gütersloher Verlagshaus Gerd Mohn, Gütersloh 1980
Umschlagentwurf: Dieter Rehder, Aachen
Gesamtherstellung: Clausen & Bosse, Leck
Printed in Germany

Inhalt

Einführung

I.

Theologische Ethik befaßt sich mit der Frage: »Was sollen wir tun?« Doch sie beginnt nicht mit ihr, sondern mit der Frage: »Was ist uns gegeben?«

Denn menschliches Handeln fängt nicht mit sich selbst an, sondern lebt aus vorgegebener Freiheit. In welcher Weise ist sie vorgegeben? Kommt sie dem Menschen von Natur aus zu? Läßt sie sich empirisch feststellen? Theoretisch begreifen? Nur in praktischer Absicht postulieren? Oder verdankt sie sich einer bestimmten Zusage?

Daß menschliche Freiheit sich der Zusage Gottes verdankt, ist die These dieser Erwägungen zur Grundlegung theologischer Ethik, ihr Grund-Satz. Sie versuchen, ihn in seinem Gewicht und seiner Bedeutung herauszustellen und beziehen ihn dazu vor allem auf philosophische und wissenschaftstheoretische Fragestellungen.

»Ich bin euer Gott. Und darum seid ihr mein Volk.« Solche Zusage eröffnet dem Menschen eine verläßliche Gemeinschaft, in der er jetzt schon inmitten aller Bedrohung frei sein kann: »Siehe, ich habe dir geboten, daß du getrost und frei seist. Laß dir nicht grauen und entsetze dich nicht!« (Josua 1,9 – ein erlaubender, kein befehlender Imperativ).

Hat die Verkündigung der Kirche in jedem Fall solcher Zusage zu dienen, dann kann die nach der Wahrheit dieser Verkündigung fragende Systematische Theologie nicht an ihr vorbeifragen. Fragt sie an der Zusage nicht vorbei, sondern aus ihr heraus und in sie hinein, dann bildet sie sich statt von vornherein als Glaubenslehre vornehmlich als Sprachlehre. Als solche bedenkt sie den Glauben von der ihn schaffenden Zusage her. »Denn Gott hat mit den Menschen nie anders zu tun gehabt noch hat er anders mit ihnen zu tun als im Wort der Zusage (promissio). Umgekehrt können wir mit Gott nie anders zu tun haben als im Glauben an das Wort seiner Zusage« (Martin Luther: Von der babylonischen Gefangenschaft der Kirche. Ein Vorspiel, 1520; WA 6,516,30–32).

Die Selbstvorstellung Gottes in der allen Menschen geltenden Zusage läßt den Menschen als Antwortenden existieren: im Glauben und Unglauben, im Lob und Fluch, in der Klage und Resignation. Keine dieser Existenzweisen entspringt und genügt sich selbst. Alle sind sie Wort als Antwort im Wortwechsel zwischen Gott und Mensch. Im Wortwechsel lebt die Klage der Gottverlassenheit eines Hiob, der sein im Dunkeln und Unfaßbaren liegendes Gegenüber in Klage, Protest und Rechtsstreit nur deshalb anreden und herausfordern kann, weil es sich einst hat hören lassen und im Verborgenen hört. Und selbst noch ein Atheismus als resignierendes Verstummen setzt eine Anrede voraus, zu der er sich sprachlos im Widerspruch befindet.

Solcher Wortwechsel läßt sich weder im Sinne Hegels in eine Gedankendialektik aufheben noch im Sinne Kierkegaards in einer Existenzdialektik wahrnehmen; denn seine sprachliche Form ist ihm nicht äußerlich, sondern wesentlich. Er ist auch kein welt- und geschichtsloser Dialog eines vom Es der Natur und Kultur reinen Ich und Du; denn er umfaßt »Welt«, erschließt und gestaltet sie. In seiner sprachlichen Form ist er zugleich Existenzweise und Weltbewußtsein.

Systematische Theologie als Sprachlehre achtet besonders auf die sprachlichen Formen wie Lob und Klage. Als Formenlehre ist sie eine Art Grammatik zur Sprache der ausgelegten Bibel, zur lebendigen und Leben schaffenden Stimme des Evangeliums. Indem sie primär nicht auf den »Begriff« (Hegel) oder das »Motiv« (Feuerbach), sondern auf die »Form« abhebt, nimmt sie die Arbeit der Formgeschichte auf und bringt die Einsicht Overbecks in die unauflösliche Verschränkung von literarischer Form und Lebensform, von Sprachgestalt und Sachverhalt zur Geltung. Wie aufschlußreich Systematische Theologie als formgeschichtliches Fragen sein kann, zeigt sich zum Beispiel, wenn man darauf achtet (vgl. unten: »Die Gegenwart der Güte Gottes«), wie die Geschichte der »Klage des Gerechten« – freilich durch entscheidende und für das Verständnis unserer Situation aufschlußreiche Verschiebungen hindurch – noch in der Philosophie Kants und Hork-heimers wirkt und diese Philosophen in bestimmter Hinsicht zu Auslegern der Psalmen macht. Auch philosophischen Texten ist die Form nicht äußerlich; man denke an die Dialoge Platons, die Meditationen Descartes' und die Aphorismen Nietzsches, Hork-heimers und Adornos.

Systematische Theologie als Formenlehre nimmt das Evange-liumsverständnis Luthers auf. »Evangelion heißt nichts anders denn eine Predigt und ein Geschrei von der Gnade und Barmher-zigkeit Gottes, durch den Herren Christum mit seinem Tod ver-dient und erworben. Und ist eigentlich nicht das, was in Buchsta-ben verfaßt wird, sondern mehr eine mündliche Predigt und le-bendiges Wort und eine Stimme, die da in die ganze Welt er-schallt und öffentlich wird ausgeschrieen, daß man's überall hört« (Vorrede zur Auslegung des 1. Petrusbriefes; WA 12,259,8–13; 1523).

Man kann solches Verständnis des Evangeliums nicht festhal-ten, ohne das Evangelium als mitgeteiltes Können vom Gesetz als radikaler Forderung, als Sollen, zu unterscheiden; das Können, die Freiheit, ist nicht schon, wie Kant urteilt, im Sollen, im Ge-setz, beschlossen. So wird die anvisierte Formenlehre in der gan-zen von ihr zu bedenkenden Vielfalt der Formen und deren Be-ziehungen zueinander als Kriterium ständig die Unterscheidung von Gesetz und Evangelium im Blick behalten müssen. Das macht sie in unverwechselbarer Weise zur Theologie.

II.

Es wäre ein verhängnisvolles Mißverständnis der im Handeln wirksamen und ihm vorgegebenen Freiheit, wenn sie losgelöst von der Zusage des Evangeliums und ohne Bezug auf die Erfah-rung der Sünde und des tötenden Gesetzes gedacht würde.

Doch selbst eine Theologie, welche die Freiheit im Bezug auf das Evangelium und Gesetz denkt, verhält sich zu ihr und damit zum Evangelium und Gesetz so wie die Grammatik zur lebendi-gen, gesprochenen Sprache. Theologie als Formenlehre kann zwar theoretisch festhalten, daß Evangelium und Gesetz schon in der mündlichen Art ihrer Begegnung sich charakteristisch voneinander unterscheiden und daß beide die jeweils verschiedene Mächtigkeit und Wirkweise des in zweierlei Gestalt begegnenden Wortes Gottes, nicht etwa primär subjektive Verstehensweisen sind. Ist es aber so, daß in dieser Begegnung Gott selbst uns Menschen tröstet und erschreckt, lebendig macht und tötet, tötet, um lebendig zu machen, dann entzieht sich die Begegnung als solche einer formgeschichtlichen Erfassung und Feststellung des sprachwissenschaftlich arbeitenden Theologen wie einer entsprechenden Manipulation des Predigers. Indem sie gedacht wird, wird sie nicht schon erfahren; indem sie homiletisch geplant und ins Werk gesetzt wird, widerfährt sie nicht schon. Entsprechend anerkennt Theologie ihre Grenzen, ohne innerhalb dieser Grenzen aufhören zu müssen, Formenlehre zu sein.

Wichtig ist dieser Formenlehre, mit der Unterscheidung des Evangeliums vom Gesetz den Glauben an das Evangelium von einem Wissen wie einem Tun zu unterscheiden. Einerseits will das Evangelium nicht zu einer Aussage theoretisiert werden, der man im Wissen innewerden kann; ihm zu glauben heißt, die mit seiner Zusage geschenkte und eingeräumte Freiheit zu ergreifen. Andererseits will das Evangelium nicht zum Gesetz und der Glaube, ein Dürfen und Können, nicht zu einem Tun werden, das einem Sollen gerecht zu werden sucht. Theoretisierung und Moralisierung von Evangelium und Glaube verbinden sich dort miteinander, wo das Wissen aus Christus ein Vorbild der Lebensgestaltung macht, wie Luther, etwa im Freiheitstraktat (WA 7,58,31–35; 1520), kritisch bemerkt. Deshalb schärft er in seinem die Wartburgpostille eröffnenden »Kleinen Unterricht, was man in den Evangelien suchen und erwarten soll« eine Unterscheidung ein, welche die Unterscheidung von Evangelium und Gesetz inmitten der Christologie wiederholt und zur Geltung bringt: die Unterscheidung von Christus als Gabe (donum) und als Vorbild (exemplum).

Diese Unterscheidung von Gabe und Vorbild wendet sich kritisch gegen eine Moralisierung von Evangelium und Glaube, erweist sich zugleich aber als konstruktiv in der Frage nach der konkreten Gestalt der aus dem Glauben folgenden guten Werke, des neuen Gehorsams. Christus als Gabe schafft den Glauben, Christus als Exempel bildet die Werke der Liebe vor: »Christus als Gabe nährt deinen Glauben und macht dich zum Christen. Aber

Christus als Exempel übt deine Werke. Die machen dich nicht zum Christen, sondern sie gehen von dir, der du zum Christen schon zuvor gemacht bist, aus. Wie ferne nun Gabe und Exempel sich scheiden, so ferne scheiden sich auch Glaube und Werke. Der Glaube hat nichts Eigenes, sondern nur Christi Werk und Leben. Die Werke haben etwas Eigenes von dir, sollen aber auch nicht dein eigen, sondern des Nächsten sein« (WA 10 I/1,12,17–13,2; 1522).

Von dieser Unterscheidung der Geschichte Jesu Christi als Gabe und Vorbild und der sachlichen Folge des zweiten aus dem ersten ist das Problem der Reihenfolge von lebendig machendem Evangelium und tötendem Gesetz zu unterscheiden. Da diesem Problem in der Grundlegung der Dogmatik wie der Ethik eine Schlüsselrolle zukommt, ist in Kürze darauf einzugehen.

Soll die als lutherisch geltende Reihenfolge von Gesetz und Evangelium bedeuten, daß das Evangelium zum Gesetz hinzukommt, in jeder Hinsicht dieses voraussetzt und nur im Bezug auf das Gesetz sinnvoll ist?

Wenn, wie Luther betont, das Gesetz in seiner Wirkung immer schon da ist, immer schon das Menschsein – als Sündersein – bestimmt, dann ist ihm damit ein faktisches Prius vor dem begegnenden Evangelium zuerkannt, aber kein prinzipieller Vorrang. Der sachliche Vorrang des Evangeliums bleibt davon unberührt. Er verbietet eine Isolierung des Gesetzes – auch eine vorläufige Isolierung in dem Sinne, daß es in seiner Negativität zunächst aus sich selbst heraus verständlich und darin die Bedingung der Möglichkeit wäre, das Evangelium zu verstehen. Daß sich das Evangelium auf die durch das Gesetz stark und reflexiv gewordene Sünde mit deren Vergebung bezieht, kann nicht zu einer Verstehensvalenz der Gesetzeserfahrung auf das Evangelium hin umgekehrt werden. Denn wenn das Evangelium kommt und im Bezug auf die Gesetzeserfahrung verstanden wird, dann wird es deshalb verstanden, weil die vorher sich selbst täuschende Gesetzeserfahrung in dem nicht aus ihr selbst sich ergebenden, sondern ihr sachlich vorausliegenden Bezug zum Evangelium verstanden wird.

Indem das Gesetz den Unglauben zur Erfahrung, nämlich zur Erfahrung des Todes, bringt, setzt es sachlich und logisch den Glauben und das Evangelium voraus. Denn der Unglaube als die Zuwendung zu den falschen Göttern erwirkt sich Tod und Verderben nicht an und für sich, sondern in, mit und unter der Abwendung von dem wahren, einen, guten Gott. Er ist Sünde als Ablehnung der zugesagten ewigen Gemeinschaft Gottes und Auflehnung gegen sie, also im Bezug zum Evangelium, wenn es gilt, daß die Präambel des Dekalogs, Gottes Selbstvorstellung und Selbstmitteilung, reines Evangelium ist. Gott muß ich fürchten, wenn ich seiner Liebe nicht vertraue – wie denn die Todesdrohung (Gen 2,17) ohne Bezug auf die vorangehende Freigabe und Lebenszusage (Gen 2,16) nicht verständlich ist.

III.

Mit diesen Bemerkungen zum Verständnis der Systematischen Theologie als an Luthers Unterscheidung von Zusage und Gesetz orientierter Formenlehre, von dem die hier gesammelt vorgelegten Versuche bestimmt sind, ist nicht mehr als ein Hinweis gegeben. Er betrifft allerdings die Gestaltung der gesamten Dogmatik und mit ihr zugleich die Grundlegung der Ethik.

Eine ausgeführte Grundlegung der Ethik zugesagter Freiheit wird des näheren von folgenden Fragen bewegt sein (vgl. vorläufig meinen Beitrag »Gesetz und Evangelium«, in: M. Brecht und R. Schwarz [Hg.]: Bekenntnis und Einheit der Kirche. Studien zum Konkordienbuch, 1980): In welcher Zuordnung von Zusage und Gesetz macht das Wort Gottes den alten Menschen zum neuen? In welchem Sinn folgt Sündenerkenntnis aus dem Gesetz, in welchem Sinn aus der Zusage? In welcher Zuordnung von Zusage und Gesetz läßt das Wort Gottes den neuen Menschen sich zum alten verhalten? Wie wird das spontane Handeln des Gerechtfertigten davor bewahrt, enthusiastisch zu werden? Worin bleibt der neue Gehorsam unmittelbar? Oder muß er sich durch das Gesetz leiten lassen, das dann aber nicht mehr drohendes, anklagendes und tötendes Gesetz wäre? Welche Antwort ergibt sich auf dieses herkömmlich mit »drittem Gebrauch des Gesetzes« bezeichnete Problem aus der Unterscheidung der leibhaft im Herrenmahl begegnenden Geschichte Jesu Christi als Gabe und als Vorbild? Inwiefern sind Gabe und Zusage nicht nur Grund und Motiv guten Handelns, sondern auch dessen Kriterium?

Im Eingehen auf diese Fragen ist wiederum entscheidend auf

die »Form« abzuheben. Damit wird ernstgenommen, daß der zur Liebe befreiende rechtfertigende Glaube in seiner Unmittelbarkeit zu Gott konkret vermittelt ist. Der den Glauben schenkende Heilige Geist kommt, wie Luther gegen die Spiritualisten geltend macht, allein durch das »leibliche Wort«, das »äußere Wort« der Zusage. Er schwebt nicht in allgemeiner Innerlichkeit, sondern bindet sich an eine mündliche und öffentliche Zueignung, die sich, was vom Neuprotestantismus weithin übersehen wird, weder von glaubender noch von denkender Aneignung einholen oder gar überholen läßt; auch ist sie nicht auf eine von vornherein einsichtige anthropologische Grundstruktur rückführbar.

Gegen den Enthusiasmus des Innerlichen und Erinnerlichen – in der Neuzeit wird das »innere Wort« zur Stimme der Vernunft bzw. der »Natur« des Menschen, zu dem, was er sich selber sagen kann – ist auf dem »äußeren Wort« zu bestehen, in dem Jesus Christus als das äußerst konkrete und zugleich äußerst universale Geschehen begegnet. Wie er sich konkret, in einer unauflöslichen Verschränkung von Situation und Wort, Wort und Leib zu hören und zu schmecken gibt, tritt in besonderer Klarheit im Herrenmahl heraus.

Mit seinem Mahl sperrt er sich dagegen, zu einer Sozialidee zu werden oder gar zu einem Gedanken, der sich vom Individuum privat aneignen ließe. Aus Sozialem läßt sich das Herrenmahl zwar nicht ableiten, bezieht sich aber aus sich selbst heraus konstitutiv darauf. Paulus zufolge läßt sich die Herrenmahlsüberlieferung nur beanspruchen, indem Leiblichkeit und Sozialität ernstgenommen werden – mit dem Ernst des letzten Gerichts (1. Kor 11,17–34). Das Herrenmahl will sich in die konkreten mitmenschlichen Verhältnisse hinein auslegen und sich darin, im Sinne der letzten Krisis, kritisch, im buchstäblichen und zugleich eschatologisch bestimmten Sinn, zur Geltung bringen. Ersetzen aber läßt es sich durch das Sozialethische nicht, sondern bleibt dessen Kriterium – freilich nicht als ein vom sprachleiblichen Vorgang abstrahierter »Begriff«, sondern als konkreter Vorgang selber, als »Form«.

IV.

Systematische Theologie als Formenlehre bewährt ihre Orientierung an Luthers Unterscheidung von Zusage und Gesetz im kritischen Verhältnis zu den Grundproblemen der Neuzeit. Die Bestimmung dieses Verhältnisses läßt sich in die These fassen, daß die Neuzeit in ihrer Verallgemeinerung der Zusage des Evangeliums antinomistisch ist, zugleich aber zunehmend nomistisch wird. Diese These sei kurz erläutert.

Schon mit ihrem Namen, in dem sich ihr Selbstverständnis verdichtet, zeichnet sich die Neuzeit durch einen »evangelischen« Zug aus. Sie begreift sich als unüberbietbar neue Zeit, die im Zeichen der Freiheit steht. Die konkrete christologische Bestimmung des Evangeliums erscheint dabei unter der Hand verallgemeinert, ist in solcher enthusiastischen Verallgemeinerung aber abstrakt geworden. Das christologische »Es ist vollbracht!« verwandelt sich in eine immer schon erfolgte Befreiung zu einer Freiheit, die dem Menschen von Natur aus eingeräumt ist; alle Menschen sind von Natur aus »freigesprochen« und »mündig« (Kant: naturaliter maiorennes). Dabei wird die Überwindung des Gesetzes als prinzipiell schon geschehen vorausgesetzt: Der Mensch ist frei, gut und spontan. In diesem Sinne ist die Neuzeit antinomistisch.

Was der neue Mensch der Neuzeit immer schon ist, muß er aber immer erst werden. Das allgemein behauptete Evangelium der Freiheit stellt den Menschen zugleich unter den Zwang, es, da es ihm von Haus aus zu eigen ist, selbst einzulösen und zu verwirklichen. Wird die Freiheit aber nicht zugesprochen und mitgeteilt, eignet sie mir vielmehr von vornherein selbst, bestimme ich mich selbst zu ihr, dann bin ich als individuelle und kollektive Subjektivität mit der Erfüllung des mir selbst gegebenen Versprechens belastet – nicht nur zur Freiheit befreit, sondern zugleich »zu ihr verdammt« (Sartre); ich *darf* nicht frei sein, sondern *muß* mich befreien. So ist die Kehrseite des Antinomismus ein Nomismus. Johann Georg Hamann hat ihn als Despotismus der Vernunft, als Zwanghaftigkeit und Gewalttätigkeit nicht nur philosophischer, sondern vor allem politischer Systeme diagnostiziert; kein Lutheraner der Neuzeit hat in so hell- und scharfsichtiger Weise die reformatorische Unterscheidung von Zusage und Gesetz im Bezug zu den Fragestellungen der Aufklärung – als Zeitgenosse im Widerspruch – zur Geltung gebracht wie er.

Antinomismus und Nomismus sind in besagter Weise die beiden Seiten eines und desselben Vorgangs. In säkularen bzw. säkularisierten Formen wird dieser Vorgang als das Verhältnis von Gesetz und Freiheit bedacht. Eindrucksvoll reflektiert es Kant; mit der »Autonomie« sucht er einen Ort jenseits von Antinomismus und Nomismus. In anderer Weise bedenkt es Hegel; er erörtert die Freiheit »als Gesetz und als Gesinnung« und stößt damit seinerseits auf das Problem der säkularisierten Freiheit, in dem man die nachchristliche Version der Bestimmung des Verhältnisses von Zusage und Gesetz sehen kann (vgl. unten: »Zum Ansatz theologischer Ethik als Freiheitsethik«).

V.

Was besagt die Pointierung der »Zusage« für die gegenwärtige Diskussion der Grundprobleme theologischer Ethik? Auch wenn auf diese Frage implizit bereits geantwortet ist, dürfte es nicht unnötig sein, auf sie schon in der Einführung ausdrücklich einzugehen.

Die gegenwärtige Diskussion der Grundprobleme theologischer Ethik ist weithin festgefahren in der Alternative eines Begreifens dessen, was ist, und eines Verwirklichen dessen, was sein soll. Diese Alternative, schon der springende Punkt in der Kontroverse zwischen Hegel und Kant (vgl. Hegels Vorrede zu seinen »Grundlinien der Philosophie des Rechts«; 1821), ist nicht gleichzusetzen mit der Gegenüberstellung beschreibender (deskriptiver) und vorschreibender (präskriptiver) Ethik. Denn das Begreifen dessen, was ist, meint eine durch jede Beschreibung des Faktischen hindurchgreifende und alles Faktische umgreifende Theorie, in der das Einzelne im Zusammenhang eines Ganzen, eines Systems, zu denken versucht und auf diese Weise begriffen und gerechtfertigt wird. Dieses Ganze kann emphatisch als die »Wirklichkeit« angesprochen werden, aus der das Ethos die Vorgaben für seine Aufgaben empfängt.

Einer solchen Theorie kritiklose Totalvermittlung und Systemstabilisierung anlastend, setzt sich ihr die ebenso weiträumige

15

Theorie einer Praxis gegenüber, die Systemveränderung anstrebt. Rekonstruiert jene die weltgeschichtlich verwirklichte und sich verwirklichende Substanz des Christentums, so arbeitet diese, von jener als »Prophetie« abgelehnt, eine umfassende Idee aus, die erst noch zu verwirklichen ist. Begreift jene im Gedanken geschehener Versöhnung das Vernünftige als Wirkliches und das Wirkliche als Vernünftiges, so setzt diese dem Wirklichen als dem Bestehenden unter der Totalkategorie der Veränderung das Bild des Ganz-Anderen einer neuen Welt entgegen.

Werden auf diese Weise Sein und Sollen gegeneinander aufgeboten, dann ist die Ethik in ein Dilemma geraten, aus dem sie sich nur befreien kann, wenn sie das Schema von Sein und Sollen überprüft, vor allem aber sich nicht mehr im Schema von Theorie und Praxis orientiert.

Das Schema von Theorie und Praxis läßt sich durch ein Dreierschema relativieren, mit dem primär nach der sprachlichen »Form« gefragt wird. In der »Form« ist ja die soziale wie individuelle Existenzweise mit elementarer Welterfahrung verbunden und der Theorie wie der Praxis nicht nur impliziert, sondern bleibend vorausgesetzt und entsprechend von beidem zu unterscheiden. Fragt Theologie vornehmlich nach der »Form« und geht sie dabei von der Zusage als der »Urform« aus, so ergibt solches Fragen im Blick auf die menschlichem Handeln vorgegebene Freiheit, daß diese im Kern weder eine bestehende und theoretisch zu begreifende noch eine allein zu postulierende, sondern *zugesagte* Freiheit ist. In dem Begriff nicht primär futurisch, sondern primär präsentisch verstandener Zusage, dem Schlüsselbegriff der Theologie Luthers, liegt die Möglichkeit, die Sache der Theologie und Ethik jenseits der Diastase von Sein und Sollen anzusprechen, ohne das Wahrheitsmoment einer Seinsethik wie das einer Sollensethik zu verkennen. Das Sein kann dann als von der Zusage eröffnete verläßliche Gemeinschaft, als Sein in ewig neu gewährter Beziehung, verstanden werden. Das Sollen gründet in diesem Sein, wie aus Jesu Zumutung der Feindesliebe hervorgeht (vgl. dazu unten: »Sprachbewegung und Weltveränderung«).

Von dieser Möglichkeit, die Sache der Theologie und Ethik von der Zusage bestimmt zu sehen, machen die folgenden Versuche im Bezug auf sich gegenwärtig aufdrängende Fragestellungen Gebrauch. Als entscheidender Vermittlungsbegriff fungiert dabei der Begriff der *Freiheit*. Er ist von seiner Geschichte und seinem Bedeutungsfeld her wie kein zweiter geeignet, einen sinnvollen und ertragreichen Streit um die Wahrheit des christlichen Glaubens und Lebens zu entbinden. Wird diese Wahrheit durch unbesehene Einpassung in die Zeitgenossenschaft ebenso verraten wie durch grundsätzliche und abstrakte Entgegensetzung zu ihr, ist sie im Gegensatz zu beidem unzeitgemäß zeitgemäß wahrzunehmen, dann muß die ihr dienende Theologie sich in Kontroversen hineinbegeben. Als Kontroverstheologie wird sie sich jenseits pauschaler Übernahme und pauschaler Ablehnung philosophischen und humanwissenschaftlichen Freiheitsverständnisses bewegen. Sie beruhigt sich weder mit einer Diastase christlichen und weltlichen Freiheitsverständnisses noch unterstellt sie eine Identität. Sie versucht vielmehr, den Konflikt nicht zu überspielen, sondern sich in ihm, also in konkreter Auseinandersetzung, zu artikulieren. Die folgenden Versuche setzen eine langjährige und eingehende Beschäftigung mit exemplarischen und repräsentativen philosophisch-theologischen Kontroversen um die Freiheit voraus und tragen sie in sich (vgl. besonders: Marcuses Kritik an Luthers Freiheitsbegriff, in: ZThK 67 [1970], S. 453–478).

Gebraucht man im kontroversen Gespräch den Begriff der Freiheit als kritischen Vermittlungsbegriff, dann wird sich zeigen, daß die zugesagte Freiheit im Bezug zu anders wahrgenommener Freiheit weder grundsätzlich integrierend noch grundsätzlich negierend wirkt. Sie befreit von abstrakter Negation genauso wie von einer unkritischen Anpassung, mit der theologische Ethik *unter* den Bedingungen neuzeitlichen Bewußtseins zu treiben versucht wird, statt in dem um der Universalität des Evangeliums willen freilich unverzichtbaren genauen Bezug zu diesen Bedingungen, der konkret auch als Widerspruch wahrzunehmen ist. So ist theologische Ethik wie Theologie überhaupt eher eine Konfliktwissenschaft als eine Integrationswissenschaft.

Mit ihr ist nicht befürwortet, Konflikte um ihrer selbst willen aufzusuchen bzw. zu suchen und dabei die Erwartung zu hegen, daß eine unsichtbare Hand in der Resultante der Konflikte alles zum besten lenke; damit wäre wiederum nichts anderes als eine Integration spekuliert. Theologischer Ethik als Konfliktwissenschaft in dem hier zu befürwortenden Sinne geht es vielmehr darum, einen Streit-Raum wahrzunehmen bzw. zu schaffen, um sich auf die gegebene Situation in Anknüpfung und Widerspruch zu beziehen. Wenn sie dabei »Freiheit« als kritischen Vermittlungsbegriff gebraucht, dann nötigt die Einheit dieses Begriffs nicht zur Theorie einer Konvergenz des reformatorischen und neuzeitlichen Freiheitsverständnisses. Er erlaubt es vielmehr, die der Fremdlingsschaft des Glaubens im Handeln entsprechende Differenz der Intentionen des reformatorischen und des neuzeitlichen Freiheitsverständnisses so zum Ausdruck zu bringen, daß sie nicht beziehungslos auseinanderbrechen, sondern unbeschadet ihrer Differenz aufeinander bezogen bleiben. Seine kritische Kraft erweist der Vermittlungsbegriff der »Freiheit«, wenn man ihn in der Orientierung an der vom Gesetz unterschiedenen Zusage gebraucht.

VI.

Die folgenden sechs Versuche, ursprünglich Vorträge, sind keine ausgeführte Grundlegung theologischer Ethik, wollen aber zu ihr beitragen. Bei verschiedenen Gelegenheiten wurde, wenn auch in jeweils anderer Hinsicht, ihr Grund-Satz, die zugesagte Freiheit, bedacht. In der jetzigen Zusammenstellung ergibt sich eine bestimmte Abfolge: Die Fragestellung der ersten beiden Versuche ist hauptsächlich wissenschaftstheoretischer Art, wobei der erste der Theologie insgesamt, der zweite speziell ihrer Ethik gilt. Im dritten Versuch wird das vorher reflektierte Verfahren am Beispiel praktiziert; der Akzent liegt auf der Thematisierung des Verhältnisses von Gottesfrage und Ethik. Diesem Thema gilt auch der vierte Versuch; man wird leicht erkennen, daß er, zusammen mit dem fünften Versuch, der Einführung nicht nur zeitlich am nächsten steht. Sein Schlußteil wird vom fünften Versuch, der die Barmherzigkeit als Grund des Ethos bedenkt, aufgenommen und weitergeführt. Der sechste Versuch, der auf eine Wissenschaftsethik zielt, geht bereits über eine Grundlegung hinaus.

Fast alle Vorträge sind im Zusammenhang der Lehrtätigkeit an der Ruhr-Universität Bochum entstanden, zu der ich elf Semester gehörte. Ihren Studenten und Dozenten möchte ich das Buch zum

Zeichen meines Dankes widmen. Außer meiner Frau, ohne die meine Arbeit nicht möglich wäre, danke ich namentlich meiner Sekretärin, Frau Dorothe Killisch.

Bochum, 30. September 1979   *Oswald Bayer*

1.
Theologie, Glaube und Bildung*

Theologie bezieht sich konstitutiv auf Sprache – und zwar auf jene Sprache, die Glauben und damit Freiheit schafft. Versteht man »Bildung« als Erziehung zur Freiheit, welche Rolle kommt dann der Theologie in der gegenwärtigen Bildungsproblematik zu? Welche Aspekte ergeben sich, wenn die Theologie Glaube und Bildung nicht identifiziert, sondern unterscheidet? Wie wirkt diese Unterscheidung auf ihr eigenes Selbstverständnis als Wissenschaft; wie wirkt sie in theologischer Bildungsarbeit in Schule und Hochschule?

* Erstmals abgedruckt in: ZThK 72 (1975), S. 225–239, dem Andenken von Ernst Bizer (29.4.1904–1.2.1975) und Hermann Diem (2. 2. 1900–27.2.1975) gewidmet, ursprünglich als Vortrag im Rahmen der »Bergischen Hochschultage« in Wuppertal am 14. November 1973 gehalten. Es war mir die Aufgabe gestellt, den Theologiebegriff, den ich in »Was ist das: Theologie? Eine Skizze« (1973) dargelegt habe, für Nichttheologen verständlich zusammenzufassen und dabei andeutungsweise auf das Verhältnis der Theologie und ihrer Sache zur Bildung einzugehen.

Inzwischen hat sich die bildungspolitische Landschaft so verändert, daß die diesbezüglichen Thesen des Vortrags anders zuzuspitzen wären. Aber auch dann, wenn die Gemeinsamkeit mit jenen, denen Bildung primär Erziehung zur Freiheit ist, noch stärker betont würde, könnte die Kontroverse nicht entschärft werden, in der die Bestimmung des Verhältnisses der Freiheit des Glaubens zur Freiheit als menschlicher Selbstverwirklichung immer neu zu finden ist.

I.

1. *Theologie bezieht sich konstitutiv auf Sprache.* Damit ist ein genereller Richtungssinn bezeichnet, in dem die Frage, was Theologie sei, ihre Antwort findet. Die Entscheidung, die mit dieser These gefallen ist, läßt sich in ihrer Reichweite verdeutlichen und ermessen z. B. an der in den letzten Jahren geführten Diskussion um die Einordnung des Religionsunterrichts in den Fächerkanon der öffentlichen Schule; bei dieser Diskussion ging es ja zugleich auch darum, welches Recht ein Religionsunterricht innerhalb der öffentlichen Schule überhaupt habe.

Immer noch aufschlußreich, obwohl durch landeskirchliche Entscheidungen bereits überholt, ist die Empfehlung der vom Rat der EKD eingesetzten Kommission II für Fragen des Religionsunterrichtes »Zur Stellung des Religionsunterrichts in der Sekundarstufe II« vom 21. November 1970[1]. Sie bezieht sich auf die geplante Gliederung der Sekundarstufe II, nach der neben einem Wahlbereich drei Pflichtbereiche vorgesehen sind: [2]

1. der sprachlich-literarisch-künstlerische Bereich,
2. der historisch-politisch-gesellschaftliche,
3. der mathematisch-naturwissenschaftliche.

Die Empfehlung befürwortet eine Zuordnung des Religionsunterrichts zum historisch-politisch-gesellschaftlichen Bereich. Im Bezug auf die Primarstufe und Sekundarstufe I hat derselbe Wille markanten Ausdruck in den hessischen Rahmenrichtlinien gefunden.[3]

Das in der besagten Zuordnung liegende Wahrheitsmoment ist nicht zu verkennen. Doch zeigt sich von der These aus, daß Theologie sich konstitutiv auf Sprache bezieht, die Gefahr einer Verkürzung der Perspektiven, bei der die Sache der Theologie aus

1. In: Die evangelische Kirche und die Bildungsplanung. Eine Dokumentation, hg. von der Kirchenkanzlei der EKD, 1972, S. 112–118.
2. A. a. O. S. 114.
3. Es »reiht sich der Religionsunterricht in die Gesamtzielsetzung einer Schule ein, die einerseits um die Selbstbestimmung des Schülers und andererseits um dessen gesellschaftliche Integration bemüht ist«: Rahmenrichtlinien für den evangelischen Religionsunterricht (Primarstufe/Sekundarstufe I), hg. vom Hessischen Kultusminister (o. J. [1972]), jeweils S. 7 (Vorwort).

dem Blick zu geraten droht. Denn diese Sache ist, wie noch auszuführen sein wird, in einer ganz bestimmten Weise sprachlich verfaßt und kann daher bei der empfohlenen Zuordnung leicht ihre Konturen verlieren.

Fast parallel zum Problem des Religionsunterrichts an den öffentlichen Schulen liegt das der Theologie an den öffentlichen Universitäten. Zwar wurde das Zuordnungs- und Rechtfertigungsproblem hier noch in keiner mit der Diskussion um den Religionsunterricht vergleichbaren Intensität verhandelt. Doch könnte es sich, wenn die Diskussion um die FDP-Thesen zur Trennung von Staat und Kirche ernsthaft aufgenommen bzw. weitergeführt wird, in ähnlicher Dringlichkeit stellen.

Nehmen wir aus den beiden angesprochenen Problemen für das Folgende die Frage auf, ob sich die Theologie dem historisch-politisch-gesellschaftlichen Bereich zuordnen oder gar einordnen läßt – und wenn nicht: warum nicht? Hat sie ihren eigenen Bereich? Besser: Nimmt sie eine besondere Dimension wahr, die spezieller und zugleich allgemeiner, umfassender, ist als das, was diese Dimension nicht ist?

Die Eigenständigkeit dieser Dimension und ihre grundlegende Bedeutung aufzuweisen und für sie einzutreten, war in besonderer Weise das Werk *Schleiermachers*. Er unterschied die Religion von Metaphysik und Moral bzw., was in anderer Begrifflichkeit dasselbe meint, die Frömmigkeit vom Wissen und Tun. So sicherte er ihr – in vermeintlich philosophischem Aufweis – die Eigenständigkeit ihrer Dimension und versuchte, sie als Grunddimension menschlichen Lebens aufzuzeigen.

Sofern Schleiermacher die Religion einerseits vom Wissen und andererseits vom Tun unterscheidet und sie beidem zugrunde liegen sieht, ist in einer Theologie, die sich nicht selbst zerstören will, seine Unterscheidung unbedingt beizubehalten gegen alle jene religionskritischen Versuche, die Religion entweder ins Wissen oder ins Tun zu verwandeln und aufzulösen. Das erste geschieht nach dem Muster der Hegelschen Religionsphilosophie, das zweite etwa nach dem Modell der Religionsphilosophie Kants oder entsprechend der Religionskritik von Karl Marx.

Aber auch Schleiermachers Entwurf selbst kann sich einer religionskritischen Verwandlung nicht erwehren, wenn sie im Sinne der religionspsychologischen Säkularisierung Feuerbachs und

22

Freuds unternommen wird. Denn die Säkularisierung greift nicht nur in die Sozial- und Objekterfahrung des Menschen, sondern auch in die Tiefe seiner Selbsterfahrung und wird hier für die Theologie am bedrängendsten.

Die religionspsychologische Säkularisierung hat mit dem transzendentaldialektischen Denken und der ihm genau entsprechenden Hermeneutik Schleiermachers, nach der sich der Glaube zwar notwendig, aber erst sekundär zum Ausdruck bringt, ein leichtes Spiel: Sie braucht nur auf der Uneigentlichkeit des sprachlichen Ausdrucks zu bestehen, um diesem in seiner Bestimmtheit jede Verbindlichkeit abzusprechen und ihn ihrer »Deutung« auszuliefern.

Vermeiden läßt sich in der Theologie diese Gefahr einer religionspsychologischen Säkularisierung des christlichen Glaubens unter Beibehaltung dessen, daß er mit Wissen und Tun nicht identifiziert werden kann, sondern beidem voraus und zugrunde liegt, nur dadurch, daß man diese seine Transzendentalität nicht dem Medium der Sprache entrückt, sondern in ihr sucht – dadurch also, daß man die bei Schleiermacher mit dieser Transzendentalität verbundene »Hermeneutik des Rückgangs« vermeidet.

Das ist gemeint mit der ersten These, daß sich Theologie konstitutiv auf Sprache bezieht, d. h. negativ: nicht primär auf ein Wissen oder ein Tun und auch nicht auf etwas, das zwar notwendig zu Wort käme, aber ursprünglich und eigentlich hinter dem Wort, ihm zugrunde, läge.

2. Mit der ersten These ist zwar behauptet, daß die Theologie Sprachwissenschaft sei. Das ist sie nun aber nicht in einem unbestimmten, sondern in einem ganz bestimmten Sinn. Deshalb präzisiert die erste These die Sprache, auf die sich Theologie konstitutiv bezieht, sofort als jene, die *Glauben* schafft. Der Christusglaube verdankt sich der materialen und formalen Eigenart einer bestimmten Sprache, des Christuswortes. Das kann im Blick auf die Aufgabe, das Verhältnis von Glaube und Bildung zu bestimmen, nicht scharf genug betont werden. Wie das Wort, so der Glaube! Wird das Wort zum Aufweis, wird der Glaube zur Einsicht; oder, dasselbe anders gesagt: wird es zur Aussage, so wird er zum Wissen. Wird es zum Appell, so wird er zu dessen Ausführung in der Tat, zur Verwirklichung des theoretisierten, zu einer Idee verbli-

chenen Wortes. Wird das Wort psychologisiert, mithin zum Ausdruck, dann wird der Glaube zu einer mit dem Menschsein als solchem gegebenen Grundbefindlichkeit bzw. zum Grunderlebnis. Nur wenn das Wort Zusage ist, ist der Glaube Glaube. Zeitgemäß, d. h. allgemein verständlich beschreiben läßt sich solches zusagende Wort am besten, im Bezug zur Sprachanalyse, als performatives Wort, d. h. als ein Wort, das etwas veranstaltet, vollzieht, das tut, was es sagt, und sagt, was es tut, ein Wort also, in dem sich Tun und Sagen unauflöslich ineinander verschränken (wie in operativen juristischen Formeln, in denen z. B. schuldig oder frei gesprochen wird). Ausgezeichnetes Beispiel eines solchen performativen Wortes, in dem ich die Sache der Theologie sehe, ist die kommunikationsstiftende Selbstvorstellung »Ich bin der Herr, dein Gott!«. Theologie als Sprachwissenschaft analysiert die Performanz dieses Satzes und expliziert die in ihm aktuelle Kompetenz. Mit diesem Hinweis möchte ich nur den Kern einer Systematik der Sprachhandlungen bzw. Sprechakte des Glaubens bezeichnen, die differenziert entwickelt werden müßte, wobei man an die Arbeit der Formgeschichte anknüpfen kann.

Zur abschließenden Erläuterung der ersten These soll nun versucht werden, in Kürze die materiale und formale Eigenart jener ganz bestimmten Sprache, die Glauben und damit Freiheit schafft, zu bezeichnen: Die Sache der Theologie, auf die sie sich konstitutiv bezieht, ist das (als Mitte und Mittel verstandene) Medium einer kommunikationsstiftenden Sprache, die aus verzerrter Kommunikation befreit, indem sie den Kampf aller gegen alle um gegenseitige Anerkennung im Sinne des Reichtums Gottes entscheidet, der sich in die Armut Jesu gebunden hat (vgl. 2Kor 8,9). Durch diese Sprache wird das menschliche Leben in seiner Sozial-, Objekt- und Selbsterfahrung in einer ganz bestimmten Weise begründet und ausgerichtet, nämlich im Glauben und in der Liebe. Die Liebe bewährt die mit dem Glauben gewährte Freiheit im Dienst an der Not der Welt (vgl. 2Kor 8,9 mit 1Kor 9,19[4]). Beide aber, der Glaube wie die Liebe, die christliche Freiheit wie der

---

4. Vgl. Luthers Traktat »Von der Freiheit eines Christenmenschen« (1520), die Darstellung der »ganzen Summe eines christlichen Lebens« (WA 7,11,9f.), die nichts anderes ist als eine Auslegung dieser Paulusstelle.

christliche Dienst, bleiben von ihrer Herkunft und ihrem Grund her sprachlich verfaßt, d. h. an die sinnliche Form einer bestimmten Sprachhandlung gebunden.

II.

»Bildung« ist Erziehung zur Freiheit. Mit dieser zweiten These brechen wir den bisher entwickelten Gedankengang ab, um von einer andern Seite her einzusetzen: mit dem, was aufgrund des Grundgesetzes unseres Staates als Ziel aller Bildungsvorgänge – keineswegs nur der innerhalb der sogenannten »Bildungsanstalten« – festgehalten werden darf und muß. Es besteht darin, jedem zu ermöglichen, »die Freiheit und die Freiheiten zu verwirklichen, die ihm die Verfassung gewährt und auferlegt«[5].

Der Begriff der »Freiheit« in unserer These bezieht sich, um dies ausdrücklich zu sagen, nicht nur auf die Bereiche der Sozialerfahrung und der Selbsterfahrung, sondern – mit diesen auf eine Weise, die hier nur angedeutet werden kann, vermittelt – auch auf die Objekterfahrung, auf die Auseinandersetzung des Menschen mit der Natur. Gerade die in der Auseinandersetzung des Menschen mit der Natur gewonnene Freiheit ist besonders ambivalent und ruft nach einer Bestimmung ihrer Richtung, die nur in der freien Verständigung der Menschen untereinander gefunden werden kann.

Das weite Feld, in das uns diese kurze Entfaltung der These führte, ist freilich voller Kontroversen. Auf sie im einzelnen einzugehen, ist im Rahmen dieses Vortrags nicht möglich. Die Aufgaben, die sich hier stellen, sehe ich konkret in der Richtung, die markiert ist durch das, was Adorno zur »Erziehung nach Auschwitz« als einer »Erziehung zur Entbarbarisierung« und »Erziehung zur Mündigkeit»[6] sagt.

5. Deutscher Bildungsrat, Empfehlungen der Bildungskommission, Strukturplan für das Bildungswesen, 1970, S. 29.
6. *Th. W. Adorno:* Erziehung zur Mündigkeit. Vorträge und Gespräche mit Hellmut Becker 1959–1969, hg. von *G. Kadelbach*, 1970, bes. S. 92–109 (Erziehung nach Auschwitz, 1966), S. 126–139 (Erziehung zur Entbarbarisierung, 1968).

Bevor wir weitergehen, müssen wir uns über den Begriff der »Bildung« noch in einer weiteren Hinsicht verständigen. Mit ihrem Ziel ist nämlich zugleich ihre Methode ins Auge gefaßt. Der Weg selber trägt das Ziel in sich; wäre es nicht so, dann ließe sich das Ziel gar nicht erreichen. Man kann zur Freiheit nicht zwingen. Durch das Gesetz kann sie zwar geschützt werden, nicht aber sich bilden.

Gehen wir der Frage nach, wie sich Freiheit bilden kann, dann stoßen wir in der Diskussion darüber auf fundamentalanthropologische Argumente, die aus der griechischen Philosophie kommen und – zwar umgeformt und vom Christentum nicht unberührt geblieben – bis heute vor allem in den Humanwissenschaften gelten, d. h.: deren Axiome sind. Das entscheidende Argument dabei ist der Entwicklungs- und Verwirklichungsgedanke, der im Widerspruch zum jüdisch-christlichen Schöpfungsglauben eine Potentialität voraussetzt, die dem Menschen und seiner Welt immanent ist. Im Prozeß der Bildung, der Erziehung des ganzen Menschengeschlechtes wie des einzelnen Menschen werden die Anlagen, die »Potenzen«, methodisch entwickelt, ausgebildet. Die rationalen, intellektuellen, theoretischen Fähigkeiten werden geweckt, entbunden; der Erzieher ist dabei Geburtshelfer. Auch im praktischen Bereich werden durch methodische Übung, durch Training, bestimmte Fertigkeiten und Eigenschaften erworben. Das Ziel, das sich in jedem Menschen verwirklichen will, das sich in ihn hineinbildet, indem er sich in es hineinbildet, ist *der* Mensch, der seiner selbst Herr ist, der sich im freien Gebrauch seiner körperlichen und geistigen Fähigkeiten bewegt, der sich zu sich selbst bestimmt, mit sich identisch geworden ist, sich selbst bzw. seine Identität gefunden hat – oder wie die Formulierung auch immer lauten mag.

Fragt man im Sinne dieser starken Tradition nach dem Grund der menschlichen Freiheit, dann kann die Antwort, um eine Formulierung Hegels zu gebrauchen, nur lauten: »Der Mensch ist durch sich selbst bestimmt, frei zu sein.«[7] Idealisten wie Materialisten stimmen (selbst dort, wo die Sprache als Ermöglichungsgrund des Menschseins anerkannt ist) an diesem Punkt überein: menschliche Freiheit und Vernunft begründen sich selbst.

7. Vorlesungen über die Philosophie der Geschichte (Suhrkamp-Werkausgabe, Bd. 12), S. 497.

III.

Versteht man »Bildung« als Erziehung zur Freiheit, *welche Rolle kommt dann der Theologie in der gegenwärtigen Bildungsproblematik zu?* Im ersten Abschnitt haben wir vom Weg des Glaubens gesprochen, im zweiten vom Weg der Bildung. Beide Wege sind Wege der Freiheit. Da sie jedoch, wie deutlich gemacht werden sollte, verschieden sind, ist auch das, was jeweils unter »Freiheit« beschrieben wurde, verschieden. Immerhin aber stießen wir nicht zufällig beidesmal auf denselben Begriff – eben auf »Freiheit«. So kann es zu einem sinnvollen Streit kommen: um das, was *wahre* Freiheit ist und was sie begründet. Nur muß dieser Streit als solcher erkannt und ausgetragen werden. Er ist weder nutzlos, wie eine ängstliche Frömmigkeit meint. Noch ist er gegenstandslos und also gar kein Streit, wie diejenigen meinen, die behaupten, seit der Aufklärung stimme das allgemeine Wahrheitsbewußtsein mit dem Christentum überein und das Christentum mit dem allgemeinen Wahrheitsbewußtsein. In solcher Theorie ist der Glaube mit der Bildung, als Bildung, identifiziert. Zu einem Streit kommt es schon gar nicht mehr; der Gewinn, den man dabei erzielen könnte, ist von vornherein verspielt.

Bei einer Identifizierung von Glaube und Bildung bzw., was anders gesagt dasselbe meint, bei einer kritiklosen Totalvermittlung des Christentums mit dem Geiste der Neuzeit käme der Theologie in der gegenwärtigen Bildungsproblematik nur die Rolle eines farblosen Mitläufers zu, der nichts Eigenes zu sagen hat.

Entsprechend bedeutete der Religionsunterricht an der öffentlichen Schule keine Bereicherung, sondern nur eine Verdoppelung etwa des Gemeinschaftskundeunterrichts und wäre daher überflüssig.

Ähnliches ergäbe sich für die Stellung der theologischen Fachbereiche an der Universität. Im Blick auf den Rahmen, in dem dieser Vortrag gehalten wird, die Hochschultage einer werdenden Gesamthochschule, mit der eine kirchlich-theologische Hochschule zusammenarbeitet, mag es sinnvoll sein, diese Konsequenz näher darzulegen.

Wir fragen also: Was folgt aus einer Identifizierung von Glaube und Bildung für den Ort der Theologie an der Universität? *Er ver-*

liert damit seine gegenwärtige Problematik, zugleich aber auch sich selbst.

Ist das Christentum mit der Aufklärung allgemein geworden, hat es sich mit der allgemeinen und einen Wirklichkeit und diese mit sich in Übereinstimmung gebracht, dann versteht es sich von selbst, daß die Theorie dieses allgemein gewordenen Christentums in der von der staatlichen Allgemeinheit getragenen Universität zuhause ist. Als solche Theorie ist die Theologie an der Universität nicht nur kein Fremdkörper, sondern – ganz im Gegenteil! – ihr klares Zentrum, sofern nämlich die Allgemeinheit notwendig ihrer eigenen Wahrheit bewußt werden und sich an ihr messen lassen muß. Sämtliche verfassungsrechtlichen Bedenken gegen den Ort der Theologie an der Universität, wie sie etwa hinter den FDP-Thesen zur Trennung von Staat und Kirche stehen, wären von vornherein gegenstandslos. Eine Theologie, die Glaube und Bildung identifiziert, bezieht sich nicht primär auf konkrete Sprachhandlungen und ihren »Sitz im Leben«, mithin auf partikulare Kirchen, auf, soziologisch gesehen, einzelne gesellschaftliche Verbände, sondern auf die Gesellschaft als ganze unter der Hinsicht, daß sie vom Christentum geprägt und unter seinem Einfluß geworden ist, was sie ist. Der theologische Fachbereich bildet dann keine Diener der Kirche – verstanden als »Diener des Wortes Gottes« – aus; die Pfarrer wären dann, streng genommen, Funktionäre der Gesellschaft, die deren Bedürfnisse erfüllen – dabei freilich von der Basis der historisch nun eben gegebenen einzelnen Kirchen aus arbeiten. Es wäre absurd, wollten sie in ihren Sprachhandlungen sich kritisch zu den oben genannten Prämissen der Bildung verhalten, wollten sie deren neuzeitliche Gestalt, das Prinzip der sich selbst zu vergewissern suchenden Subjektivität, der Selbstverwirklichung und der Suche nach Identität mit sich selber in Frage stellen.

Genau diese Bestreitung aber geschieht jener Theologie zufolge, die in der Erläuterung der ersten These kurz vorgestellt wurde: der Theologie, die sich konstitutiv auf jene bestimmte Sprache bezieht, die Glauben schafft. *Ihre* Aufgabe in der gegenwärtigen Bildungsproblematik kann nicht die sein, sich allgemeinen Bildungszielen anzupassen und unterzuordnen. Ihre Aufgabe kann zunächst nur eine kritische sein. Das heißt: Sie trifft Unterscheidungen, übt sie ein und spielt gerade so – kraft ihres Unterscheidens – eine anregende, bereichernde Rolle, die sie nicht spielen könnte, wenn sie von der Identität von Glaube und Bildung ausginge.

Doch bedarf dies näherer Erläuterung. Deshalb fragen wir:

IV.

Welche Aspekte ergeben sich, wenn die Theologie Glaube und Bildung nicht identifiziert, sondern unterscheidet?

Eine Unterscheidung ist keine Trennung. Der Glaube soll von der Bildung nicht getrennt, wohl aber soll die Bildung vor dem Unglauben bewahrt werden. Wie geschieht dies?

Das Glauben schaffende Wort mutet der Vernunft zu, ihre Grenze und ihren Grund zu erkennen. Es erwartet das Eingeständnis, daß weder das Wissen noch das Handeln mit sich selber anfangen, daß das menschliche Leben nicht primär entelechisch ist – so, daß es Ziel und Ursprung in sich selbst trüge und zugleich erst bei weitestgehender Verwirklichung seiner Möglichkeiten sich als lebenswertes Leben herausbildete.

Was dem Wissen und dem Tun zuvorkommt, ist die Sprache – jene Sprache, die Glauben schafft, das Christuswort. Ihm verdankt der Christ seine Freiheit und ist so ihrer nie selbst mächtig. Er erwirkt und erwirbt sie nicht, sondern läßt sie sich schenken und sagen. Dazu bedarf er eines anderen Menschen, der sie ihm, im Namen Jesu, in konkreter Situation und sinnlich besonderer Form zusagt, d. h.: dazu bedarf er der Kirche. Die Kirche ist dort, wo bestimmte Sprachhandlungen geschehen: in Taufe, Abendmahl, in der Predigt, im persönlichen Gespräch. Sie ist weiter das Geschehen der Antwort darauf: im Gebet, im Lied, in der Bildungsarbeit (verstanden in jenem ganzen Umfang der Welterfahrung, von dem oben die Rede war).

Nun kommt die Bildungsarbeit des Christen nicht nur von den Glauben schaffenden Sprachhandlungen her, sondern wendet sich auch auf sie zurück, um ihnen als geschehenen nach-zu-denken und als in neuer Situation zu geschehenden vor-zu-denken. Dieser Vorgang ist Theologie. Was theologische Bildung, theologische Wissenschaft zur *Theologie* macht, ist ihre Beziehung auf jene elementaren Sprachhandlungen, in denen Evangelium und Gesetz – freimachend und verpflichtend – zur Geltung kommen; diese Beziehung kommt her von dem Bekenntnis, von ihnen schlechthin abhängig zu sein, und geht hin in dem Willen, in ihnen tätig zu werden.

Die Beziehung selber ist nichts anderes als ein Bildungsvorgang, Theologie als *Wissenschaft*. Dieser Aspekt ist nachher eigens zu thematisieren, wenn wir danach fragen, wie die Unterscheidung von Glaube und Bildung auf das Selbstverständnis der Theologie als Wissenschaft wirkt.

Zuvor jedoch ist die *Weite* des in der angesprochenen Beziehung liegenden Bildungsvorgangs herauszustellen und zu betonen, daß man ihn nicht auf die Arbeit eines bestimmten Berufsstandes, der Theologen, eingeschränkt sehen darf. Denn jeder, der sich auf die bezeichneten Sprachhandlungen bezieht, hat in diesem Bezug begonnen, ein Theologe zu sein. Ein wissenschaftlicher, zünftiger Theologe unterscheidet sich von anderen Christen, die als Christen immer schon begonnen haben, auch Theologen zu sein, nur dadurch – das ist sein besonderer Beruf –, daß er in diesem Bezug über das, worauf er sich bezieht, in wissenschaftlichen Sätzen Rechenschaft geben können muß, d. h. in Sätzen, die den höchstmöglichen Grad von Bestimmtheit erreichen.

Die damit kurz charakterisierte Weite der Theologie als Bildungsvorgang darf nur nicht konturenlos werden, als ob etwa ein allgemeines »Interesse am Christentum«[8] schon Theologie konstituierte. Andererseits wäre die zünftige »Beziehung auf das Kirchenregiment«[9] als Konstitutions- und Organisationsprinzip von Theologie viel zu eng. Denn damit wäre der Glaube jener Christen, die die Theologie nicht zum bürgerlichen Beruf haben, von der Bildung nicht unterschieden, sondern in verhängnisvoller Weise getrennt. Verhängnisvoll ist diese Trennung deshalb, weil der Glaubende dann nicht mehr jedermann verständlich reden, den Grund seines Glaubens bekennen, über ihn Rechenschaft geben, dem Unglauben widersprechen und dabei argumentieren könnte.

---

8. *Fr. Schleiermacher:* Kurze Darstellung des theologischen Studiums zum Behuf einleitender Vorlesungen, hg. von *Heinrich Scholz*, 1961, § 8.

9. A. a. O., § 6. – Zu dieser Divergenz der Bestimmungen Schleiermachers vgl. *Bayer*: Was ist das: Theologie?, S. 60–63.

Seine mögliche Weite und zugleich seine nötige Präzision gewinnt das »Theologie« organisierende Prinzip allein in der Beziehung auf die charakterisierten Sprachhandlungen.

Diese Beziehung ist aber nicht allein durch ihre Herkunft und ihre Hinsicht, ihre Ausrichtung, bestimmt, sondern spielt in eminenter Weise im Bereich der Bildung, der Wissenschaft. Auf diesen Aspekt ist nun besonders zu achten, mithin zu fragen:

V.

Wie wirkt die Unterscheidung von Glaube und Bildung auf das Selbstverständnis der Theologie als Wissenschaft?

Kann theologische Wissenschaft bei der besagten Herkunft und Ausrichtung, beim besagten Entstehungs- und Verwendungszusammenhang überhaupt Wissenschaft sein? Versucht sie in ihrem Selbstverständnis als Wissenschaft nicht, zwei völlig verschiedenartige Bewegungen, den Weg des von Gott geschenkten Glaubens und den Weg der vom Menschen erworbenen Bildung, in einer Einheit zusammenzuhalten? Johann Gerhard, ein frommer und sehr gelehrter Theologe des 17. Jahrhunderts, hat sich nicht gescheut, inmitten der aristotelischen Schulphilosophie seiner Zeit dem Theologen paradoxerweise einen »habitus θεόσδοτος« zuzuschreiben, d. h. einen von Gott geschenkten Habitus. »Habitus« ist ein Begriff der aristotelischen Ethik und meint die durch methodische Übung erworbene Fertigkeit, in deren Ausbildung sich der Mensch selbst ins Werk setzt, sich selbst verwirklicht. Die Provokation, die in Gerhards paradoxer Bestimmung liegt, ist nicht zu überhören.[10] Es besteht kein Anlaß, sie zu mildern, wenn wir in heutiger Zeitgenossenschaft zu sagen versuchen, was »Theologie« ist. Wir können dabei seine Bestimmung sachlich nur wiederholen, damit

---

10. Im Sinne Gerhards liegt der Akzent eindeutig auf θεόσδοτος; habitus ist dabei geradezu uneigentlich verstanden (vgl. *J. Wallmann:* Der Theologiebegriff bei Johann Gerhard und Georg Calixt [BHTh 30], 1961, S. 62–75, bes. S. 72–75). Doch ist der aristotelische Begriff nicht vermieden. So bleibt unbeschadet des genauen Sinnes, den bei Gerhard die Rede vom habitus θεόσδοτος hat, diese Bestimmung als solche in ihrer Paradoxalität zu denken.

nicht – um in Anlehnung an eine berühmte Formulierung Schleiermachers zu reden – »der Glaube mit der Barbarei und die Wissenschaft mit dem Unglauben«[11] gehe.

Es sind also in der theologischen Arbeit zwei durchaus nicht gleichartige Momente dauernd, in immer neuer Bemühung, zusammenzuhalten: das, was theologische Wissenschaft zur Theologie macht, und das, was sie zur Wissenschaft macht.

Was sie zur Wissenschaft macht, ist ihr Vollzug in den wissenschaftlichen Methoden ihrer Zeit, also in denkerisch intensiv wahrgenommener Zeitgenossenschaft. Die Theologie gebraucht heute – um eine diskutable Klassifizierung vorzunehmen – historisch-kritische, ideologie-kritische und empirisch-kritische Methoden. Erst *im* Gebrauch dieser Methoden kommt es zu dem oft schmerzhaften, aber notwendigen Konflikt. Ihn auszutragen bedeutet ja nicht, das Evangelium an die Zeit anzupassen, wohl aber, es auf sie verständlich zu beziehen – so, daß die Zeitgenossen dabei etwas gewinnen. Dieser Bezug kann auch ein präziser Widerspruch sein. Jedenfalls wird in solchem Konflikt nur die Universalität des Evangeliums wahrgenommen, also der Herkunft und Ausrichtung der Theologie entsprochen. Bultmanns großes Problem »Glauben und Verstehen« bzw. »Wie kann das Evangelium verständlich sein und verständlich gesagt werden?« darf gerade vom Glauben aus – als Problem! – nicht verkannt werden; es ist unabweisbar. Etwas anderes ist es, ob man es aufgrund der existentialen Interpretation löst – wie Bultmann – oder im Bezug zur Sprachanalyse, wie im oben angedeuteten Sinne vorzuschlagen ist.

Gewinn bringt der bezeichnete Konflikt nicht nur dem nichttheologischen Kontrahenten – als ob mit der Theologie ein missionarischer Impuls nur nach außen sozusagen wirkte und nicht zugleich nach innen. Denn der Glaube ist seiner selbst nie sicher, sondern kann der ihn schaffenden Zusage nur gewiß sein in der aktuellen Überwindung des Unglaubens und Irrglaubens.

Es ist die Erfahrung der Kirchengeschichte seit ihrem Anfang, daß das Glauben schaffende Wort nicht nur von denen, die keine Christen sein wollen, sondern auch von denen, die es sein wollen,

---

11. Zweites Sendschreiben an Lücke, Sämtl. Werke, 1835 ff., I/2, S. 614 (statt »der Glaube«: »das Christentum«).

dauernd bestritten, umgedeutet und mißbraucht wird. Es wird nicht so sehr von außen angegriffen wie von innen her pervertiert. Im Blick darauf muß man Karl Barth zustimmen, wenn er die These vertritt, daß die Notwendigkeit von Theologie sich primär aus dem Faktum des Irrglaubens ergibt.[12]

Um die jeweils neue Form des Irrglaubens überhaupt entdekken zu können, muß man die Fähigkeit entwickeln – ausbilden –, vom unmittelbaren kirchlichen Geschehen und seinen Sprachhandlungen gleichsam einen Schritt zurückzutreten, um, im Diskurs mit andern, zu versuchen, zu Feststellungen zu kommen. Dazu muß man das unmittelbare Geschehen der Sprachhandlungen zum Gegenstand der Reflexion machen, um es in Ausschnitten isolieren, analysieren und in kommensurablen Momenten vergleichen zu können. Es stellt sich dabei die Frage, ob der jeweilige Zugriff nicht willkürlich ist, ob der Streitpunkt nicht an der falschen Stelle gesucht wird, unter welchen Gesichtspunkten und mit welchen Spielregeln er überhaupt gesucht werden kann, wie der Streit entschieden oder geschlichtet werden kann.

Dieser damit nur grob angedeutete vielschichtige und beziehungsreiche Zusammenhang ist der der Theologie als *Wissenschaft*. Sie ist das Feld der Hypothesen, die mit einer bestimmten Absicht aufgestellt und nach vereinbarten Regeln in der Diskussion geprüft werden. Diese Regeln im Gebrauch der vorher genannten drei Methoden (der historisch-kritischen, ideologie-kritischen und empirisch-kritischen Methode) verlangen eine Rechenschaftsablage über Begriffsbildung und Begriffsverwendung sowie die logische Konsistenz in einem Zusammenhang von Sätzen.

Es ist deutlich, daß die Theologie als Wissenschaft Bildung im eminenten Sinn ist. Sie erfordert durch Übung in harter Arbeit erworbene, methodisch entwickelte Fähigkeiten und Fertigkeiten wie Gewissenhaftigkeit, Selbstkontrolle, Disziplin und in allem die stete Übung des methodischen Zweifels: Tugenden, die keine bloßen Techniken sind, sondern das ganze Leben durchdringen. Als Wissenschaft ist die Theologie Bildung nicht zuletzt in dem Sinne, daß sie zur Freiheit erzieht: indem man

12. KD § 2; I/2, S. 31 f.

lernt, zu Traditionen Abstand zu gewinnen, Unterscheidungen zu treffen oder zu erkennen. Freilich ist diese Freiheit als solche ambivalent. Die der Theologie an den Universitäten eingeräumte Freiheit der Forschung und Lehre könnte sich durchaus gegen die Kirche wenden; sie kann ihr aber auch zugute kommen. Das hängt allein davon ab, von woher und woraufhin die theologische Wissenschaft ihre Freiheit gebraucht. Denn sie ist nicht Selbstzweck, sondern Instrument und darf über dem Wissen um ihre Notwendigkeit nicht ihre Grenze vergessen, die mit ihrem Grund und Ziel identisch ist.

Halten wir in einer zusammenfassenden These fest, wie die Unterscheidung von Glaube und Bildung auf das Selbstverständnis der Theologie als Wissenschaft wirkt: Was theologische Wissenschaft zur Wissenschaft macht, ist ihr Vollzug in den wissenschaftlichen Methoden ihrer Zeit, die die Sache der Theologie nicht legitimieren oder gar konstituieren, wohl aber den vor allem zur Verarbeitung des Irrglaubens notwendigen reflektierten und reflektierenden Umgang mit dieser Sache regulieren.

VI.

Wenn wir nun zum Schluß danach fragen, *wie die Unterscheidung von Glaube und Bildung in theologischer Bildungsarbeit in Schule und Hochschule wirkt*, dann muß vor allem von dem Gewinn die Rede sein, der durch diese Unterscheidung erzielt wird.

Vom Gewinn für den *Glauben* war schon die Rede: Er lernt, sich zu verstehen, sich vom Unglauben und vor allem vom Irrglauben zu unterscheiden und sich möglichst vielen verständlich zu machen. Für die *Bildung* ist die Unterscheidung zunächst – und vielleicht dauernd – eine Provokation. Sie ist dazu herausgefordert, ihre fundamentalanthropologischen Voraussetzungen zunächst einmal überhaupt zu sehen, zugleich aber auch, sie kritisch, d. h. von etwas anderem unterschieden zu sehen, von dem her sie in Frage gestellt werden. Es ist ja nicht so, daß nur das, was den Glauben begründet, in Frage stünde, sondern daß dieses, das Christuswort, Fragen aufwirft, die sonst nicht gestellt werden. Dabei sprengt es die eherne Eindimensionalität des Werk-Wirklichkeitszusammenhanges der aristotelischen Welt, in der wir leben.[13] In ihr sind auch die Grundbegriffe der Bildung zuhause. Luther kämpfte gegen die Werkgerechtigkeit, d. h. gegen die unbedingte Geltung der aristotelischen Anthropologie. Inzwischen ist diese, spätestens seit Hegels und Marx' Begriff der »Arbeit«, offenbar übermächtig und nun auch bis in die neuesten Bildungspläne und Rahmenrichtlinien hinein, selbst in die für den Religionsunterricht, letztlich maßgebend geworden. Es ist die Frage, wo jene Sprache tradiert und eingeübt wird, die vom Werk-Wirklichkeitszusammenhang, in dem Freiheit immer nur eine erst zu verwirklichende Bestimmung sein kann, befreit und dem Menschen eine Freiheit zusagt und zuträgt, von der er herkommen, ausgehen darf. (Zwar ist der schulische Religionsunterricht nicht der Ort dieser Sprache selbst, wohl aber muß er, wenn er nicht andere Fächer verdoppeln will, ausdrücklich auf ihn verweisen.[14])

Würden sich die Theologie an der Universität und der Religionsunterricht an der Schule den angesprochenen aristotelischen Grundbegriffen, die auch Grundbegriffe der neuesten Bildungsplanung sind, anpassen, so wäre dies eine Solidarisierung, die keinen Gewinn brächte. Sie würden sich damit der Beziehung auf jene Sprache begeben, die über den Werk-Wirklichkeitszusammenhang überschießt und ihn stört, ja zerreißt.

Was auf dem Spiel steht, mag man sich beispielhaft im Blick auf die Theorie des sogenannten »problemorientierten Religionsunterrichts«[15] deutlich machen. Einer ihrer Ausprägungen zufolge sucht man auf vorhandene Fragen in der biblischen Tradition nach Antworten und gebraucht diese Tradition als »Problemlösungspotential«. Wer aber sorgt dann für wahre Kritik – dafür nämlich, daß sonst nicht mehr auftauchende Fragen überhaupt noch bzw. wieder gestellt werden?[16] Mir scheint die primäre Auf-

13. Vgl. *Bayer*, a. a. O. (Anm. 9), S. 17 und 76, sowie *ders.*: Marcuses Kritik an Luthers Freiheitsbegriff, in: ZThK 67 (1970), S. 453–478, 477f.

14. Es schafft deshalb am wenigsten Mißverständnisse, wenn man ihm auch äußerlich eine eigene Stellung im Fächerkanon einräumt.

15. Vgl. vor allem die Beiträge in dem von *H. B. Kaufmann* herausgegebenen Sammelband: Streit um den problemorientierten Unterricht in Schule und Kirche, 1973.

16. Zu dieser Kritik ist ein Religionsunterricht nicht fähig, der jener Theorie zufolge geschieht, nach der die aus den Grundsätzen der Verfas-

gabe theologischer und kirchlicher Bildung die zu sein, über den Zeithorizont hinauszuführen, indem sie sich auf jene Glauben schaffende Sprache bezieht, die sich nicht innerhalb des sonst Gehörten und des Menschenmöglichen bewegt, sondern dieses begrenzt, so den entscheidenden Gewinn bringt und darin unzeitgemäß zeitgemäß ist.

sung abgeleiteten allgemeinen Bildungsziele in ihrem »pädagogischen und politischen Standard ... auch für Inhalte und Ziele des Religionsunterrichts gültig« sind (*H. B. Kaufmann*: Thesen zum thematisch-problemorientierten Religionsunterricht, a. a. O., S. 37). Denn das Evangelium bleibt nicht »innerhalb des Bezugsrahmens« jener allgemeinen Bildungsziele, wie Kaufmann (ebd.) meint, sondern sprengt ihn. Deshalb: »Sollte man nicht ein Einordnungs-, sondern ein Kontrastprogramm für ihn (den Religionsunterricht) entwickeln, also dem Verhältnis von schulischen Aufgaben und christlichem Unterricht nicht eine identische, vielmehr eine ›komplementäre‹ Funktion geben?« (*H. Kittel*: Eine neue Art von Bekenntnisschule. Kritik an den hessischen Rahmenrichtlinien, in: Ev Komm 6, 1973, S. 521–524, 524). Ja, man sollte selbst den Widerspruch nicht scheuen, im Religionsunterricht mithin eine *kontradiktorische* Aufgabe wahrnehmen und die Kontroverse nicht »innerhalb« eines gesamtgesellschaftlich vorgegebenen Bezugsrahmens führen, sondern um diesen selbst.

2.
Zum Ansatz theologischer Ethik als Freiheitsethik*

I. Sprachhandlung als Grund der Ethik

Was theologische Wissenschaft zur *Theologie* macht, ist ihre Beziehung auf jene elementaren Sprachhandlungen, in denen Evangelium und Gesetz konkret – freimachend und verpflichtend – zur Geltung kommen; diese Beziehung liegt in dem Bekenntnis, von ihnen schlechthin abhängig zu sein, und in dem Willen, in ihnen tätig zu werden.

Was theologische Wissenschaft zur *Wissenschaft* macht, ist ihr Vollzug in den wissenschaftlichen Methoden ihrer Zeit, die die Sache der Theologie nicht legitimieren oder gar konstituieren, wohl aber den zur Verarbeitung der Häresie notwendigen reflektierten und reflektierenden Umgang mit dieser Sache regulieren.

Welche Aufgabe hat im Zusammenhang dieses Theologiebegriffs[1] theologische Ethik als Theorie christlichen Handelns? Als Theorie bewegt sie sich in Sätzen des apophantischen Logos, also in Aussagesätzen. Diese aber beziehen sich auf Sätze, die ihrerseits nicht apophantischer Art sind, sondern Zumutungen darstellen und selber wieder von Ermutigungen und Ermächtigungen getragen sind. Trifft dies zu, dann kann theologische Ethik sich nicht in das Schema von Sein und Sollen, fact and value, Deskription und Präskription zwängen lassen[2], sondern nur in kritischem Bezug zu diesem Schema arbeiten.

* Erstmals erschienen in: ZEE 17 (1973), S. 129–144, als Gastvortrag vor der Abteilung für Evangelische Theologie der Ruhr-Universität Bochum am 23. Oktober 1972 gehalten.

1. Ausführlich entwickelt ist er in: *O. Bayer:* Was ist das: Theologie?, 1973.

2. Die folgenreiche Behauptung *D. Humes*, daß sich aus dem, was ist, nicht ableiten läßt, was sein soll (Treatise of Human Nature, 1739, III/1,

Die folgenden Erwägungen gehen davon aus, daß theologische, daß evangelische Ethik sich letztlich auf Sätze bezieht, die weder präskriptiv sind noch deskriptiv, sondern performativ – von der Form: »Ich verspreche dir ...«.[3] Das ist weder ein Aussagesatz (auch kein expressiver Satz!) noch ein handlungsanweisender Satz, sondern ein Vollzugssatz. Vollzugssätze räumen ein und sperren aus, erlauben und versagen, »binden« und »lösen«. Solcher Art ist die kommunikationsstiftende Selbstvorstellung: »Ich bin der Herr, dein Gott«, solcher Art ist das Absolutionswort: »Ich vergebe dir ...«. Auf Sätze solcher Art lassen sich alle Sätze des Evangeliums zurückführen; sie sind die Gestalt, in der Christus begegnet.

Worauf sich mithin theologische Ethik letztlich bezieht, ist ein in seinen Merkmalen genau bestimmbarer sprachlicher Vorgang, eine ganz bestimmte Sprachhandlung, keine Intuition, kein Werturteil, kein Axiom.

Mit dem Gebrauch des Begriffs »Axiom« ist man, wie Kant in seiner Ethik, am Wahrheits- und Evidenzverständnis der Mathematik ausgerichtet und von ihm gebannt. Von der Tradition der augustinischen Illuminationslehre und des »inneren Wortes«, in die man sich damit stellt[4], sollte sich theologische Ethik befreien. Entsprechend wäre statt von »Axiomen« von »Assertionen« zu reden. »Assertio« ist äußeres, mündliches und in öffentlichem Streit sich behauptendes Wort – im Unterschied zum »Axiom«,

Section 1, und dann: Enquiry into the Principles of Morals, 1751), wird in der gegenwärtigen sprachanalytischen Philosophie besonders von *R. M. Hare* vertreten (The Language of Morals, 1952; deutsch 1972). Mit seiner Unterscheidung von »fact« und »value« berührt er sich der Sache nach mit der Werturteilsdiskussion, wie sie in Deutschland von der Theologie vor allem seit *A. Ritschl* geführt wurde. Zur Auseinandersetzung mit Hare vgl. *A. Brunvoll:* Fact and Value. The Modern Confrontation of Philosophy and Theology in the Field of Ethics, Glasgow 1968 (masch. Diss.).

3. Vgl. *Bayer*, a. a. O. (Anm. 1), Kap. 2 (Performatives Wort als Sache der Theologie).

4. Vgl. *H. Scholz:* Mathesis universalis. Abhandlungen zur Philosophie als strenger Wissenschaft, hg. von *H. Hermes, S. Kambartel* und *J. Ritter*, 1961, bes. S. 45 ff. (Augustin und Descartes; ursprünglich in: Blätter für deutsche Philosophie 5, 1931/32, S. 405–423).

dessen Wahrheit in unmittelbarer, innerer Evidenz intuitiv erfahren wird; es wird nicht gehört, sondern leuchtet ein.

Wir gehen beim Bedenken des Ansatzes evangelischer Ethik davon aus, daß das Handeln der Christen nicht mit sich selber anfängt und daß die christliche Freiheit allein in den Sprachhandlungen besagter performativer Sätze gewährt wird.

In dem damit angedeuteten hermeneutischen Horizont werden wir mit den folgenden Erwägungen bleiben. Warum wir ihn nicht überschreiten können, wird sich, hoffe ich, zeigen.

II. Reinheit des Wortes und Evidenz des Ethischen

In die Richtung des bezeichneten performativen Evangeliumssatzes weisen Momente in dem Begriff »Sprachereignis«, wie er von Ernst Fuchs geprägt und von Gerhard Ebeling im Zusammenhang seines Rückgriffs auf die Hermeneutik Luthers übernommen wurde.

Nun ist bei Ebeling die nachdrückliche Aufnahme der Lutherschen Hermeneutik aber durchdrungen – genauer gesagt: überlagert bzw. unterfangen – von einer fundamental-theologischen Absicht, die dem transzendentalen Denken Kants und Schleiermachers verpflichtet ist, also der Methode des Rückgangs hinter alle ontisch-konkreten Sätze, hinter alle bestimmten Sprachhandlungen auf ein ontologisches concretissimum, das gerade durch die Abstraktion von aller Besonderheit gewonnen wird, auf die »Grundsituation des Menschen als Wortsituation«.[5] Der transzendentale Rückgang meint eine Reinigung von allen Bestimmungen; ihm erschließt sich, gleichsam intuitiv, die *reine* Wortsituation als Grundsituation des Menschen und entsprechend der *reine* Glaube, dessen Reinheit und Freiheit eben dadurch bestimmt ist, daß er von allen Bestimmungen rein und frei ist.

Es ist jedoch ein hölzernes Eisen, transzendentales Denken im Sinne Kants und Schleiermachers mit der Hermeneutik Luthers verbinden zu wollen.[6] Man muß die dabei entstehende innere Widersprüchlichkeit, an der Ebelings Theologie leidet, vermeiden

5. Vgl. *Bayer*, a. a. O. (Anm. 1), 3. Kap., bes. S. 44 f.
6. Dies ist eine der Hauptthesen der Anm. 1 genannten Arbeit.

und entweder der Hermeneutik Schleiermachers oder aber der Luthers folgen. Daß ich letzteres tun möchte, habe ich mit dem ersten Teil des eingangs formulierten Theologiebegriffs bereits angezeigt, wenigstens mitgemeint.

Was ergibt sich daraus für die Ethik? Das kann sehr scharf im Kontrast zur Annahme einer »Evidenz des Ethischen« gezeigt werden, von der Ebeling im Gefolge Wilhelm Herrmanns und Kants ausgeht.[7]

Diese *Evidenz* ist wesentlich wiederum durch »Reinheit« bestimmt: dadurch, daß sie nicht getrübt ist durch bestimmte sprachliche Kommunikation. So entspricht der Ansatz der Ethik bei der *Evidenz* des Ethischen exakt der Einsicht der Fundamentaltheologie in die menschliche Grundsituation, die als von allen Bestimmungen *reine* in Wahrheit eben keine *Wort*situation ist.

Was ich hier im Bezug auf Ebeling exemplarisch andeute, könnte ein theologiegeschichtlich umfassender Nachweis nur erhärten: nämlich, daß und wie der Einfluß Kants sich in sehr bestimmter Weise auf die Rezeption der reformatorischen, speziell Lutherschen Theologie, nicht zuletzt der Zwei-Reiche-Lehre und Ethik geltend machte. Die dabei geschehene verhängnisvolle Umformung läßt sich besonders bei Ritschl, Wilhelm Herrmann, Holl, Hirsch und nicht zuletzt in Gogartens Zwei-Reiche-Lehre und seiner Säkularisierungsthese zeigen.

Gegen die damit angesprochene theologische Tradition ist gerade in einem Rückgriff auf Luther mit allem Nachdruck – besonders in der Bestimmung des Ansatzes theologischer Ethik – jene Kritik an Kant zu erneuern, die sein Zeitgenosse Johann Georg Hamann in seiner fast vergessenen »Metakritik über den Purismum der Vernunft« (1784)[8] vorbrachte. Weiterhin sind Hegel und Marx zu berücksichtigen in Momenten, die noch zu nennen sein werden.

7. *G. Ebeling:* Die Evidenz des Ethischen und die Theologie, in: ZThK 57 (1960), S. 318–356 (= Wort und Glaube II. Beiträge zur Fundamentaltheologie und zur Lehre von Gott, 1969, S. 1–41).

8. *J. G. Hamann:* Metakritik über den Purismum der Vernunft, in: Sämtliche Werke, hg. von *J. Nadler*, Bd. 3, S. 281–289.

III. Kritik an Kant

1. *Metakritik der Reinheit der reinen Vernunft (Hamanns Kantkritik)*. Das Wesen nicht nur der theoretischen, sondern auch der praktischen Vernunft und damit der Freiheit ist für Kant – das dürfte Hamann richtig gesehen haben – die *Reinheit* der Vernunft. Ihre Reinheit bestimmt sich negativ als ihre Unabhängigkeit von der Überlieferung, von der alltäglichen Erfahrung und, beides umfassend, als ihre Unabhängigkeit von der Sprache.[9] In der Annahme und Behauptung dieser Unabhängigkeit liegt für Hamann der »transzendentale Aberglaube«.[10] Das neue, Kantische, transzendentale Denken ist ebenso auf dem Holzweg wie das alte, von Kant kritisierte, transzendente[11]; Hamann wendet sich mithin ebenso wie gegen den Fortgang über die Sprache hinaus gegen einen Rückgang hinter die Sprache.

Hamann hält Kants Purismus der reinen Vernunft und damit dem Purismus seines Freiheitsbegriffs die Sprache entgegen als die konkrete Bedingung der Vernunft, hinter die wir nicht zurückgehen können. Die Vernunft kann nicht von der Sprache gereinigt, also ihr gegenüber unabhängig werden; sie kann sich nicht von ihr absetzen. Vielmehr ist der Gebrauch und die Reinigung der Vernunft und der Gebrauch der Freiheit nur im Medium der Sprache möglich.

2. *Hegels Kantkritik*. Aus ähnlicher Richtung wie die Kantkritik Hamanns kommt die Kantkritik Hegels – jedenfalls in seiner Jenenser Philosophie.[12] Ihr zufolge bilden sich Vernunft und

9. A. a. O., S. 284.

10. A. a. O., S. 285.

11. A. a. O., S. 284. Deutlicher als hier wird die Parallele in der entsprechenden Stelle des Vorentwurfs, die von E. *Metzke* mitgeteilt wird: Hamann und das Geheimnis des Wortes, Coincidentia oppositorum. Ges. Studien zur Philosophiegeschichte, hg. von *K. Gründer*, 1961 (S. 271–293), S. 282, Anm. 53. Vgl. *dens.*: Kant und Hamann, a. a. O., S. 294–319, S. 314.

12. Vgl. zum folgenden *J. Habermas*: Arbeit und Interaktion. Bemerkungen zu Hegels Jenenser »Philosophie des Geistes«, in: Technik und Wissenschaft als »Ideologie«, edition suhrkamp 287, 4. Aufl. 1970, S. 9–47.

Freiheit aber nicht nur im Medium der *Sprache*, die Hegel freilich allein als Verhältnis und im Verhältnis zur Natur bedenkt, sondern, weiter, im Medium der Arbeit, in der die *instrumentelle* Vernunft Freiheit von der Natur erwirkt, und im Medium der an den Familienverhältnissen abgelesenen Interaktion, in der es um die in *gegenseitiger Anerkennung* liegende Freiheit geht. Später abstrahiert Hegel von der Sinnlichkeit und Besonderheit dieser drei dialektischen Grundmuster zugunsten einer einheitlichen Geistphilosophie, die sich als Verallgemeinerung, vor allem aber als Theoretisierung des Grundmusters der Interaktion, der gegenseitigen Anerkennung, verstehen läßt. Die sperrigen, widerständigen, sinnlich-realen Verhältnisse in Sprache, Arbeit und Interaktion werden ihm zu Momenten des Gedankens, des Begriffs. (Sie kommen zur Geltung ja erst wieder durch die Kritik der Linkshegelianer an Hegels späterer philosophischer Arbeit.)

Die Theoretisierung der genannten sinnlich-realen Verhältnisse zu Momenten in der Wissenschaft der Erfahrung, die das Bewußtsein mit sich selbst macht, zeigt sich schon in dem Abschnitt über Herrschaft und Knechtschaft in der »Phänomenologie des Geistes«.[13] In ihm will Hegel, gemäß seiner Exposition, den »reinen Begriff des Anerkennens, der Verdopplung des Selbstbewußtseins in seiner Einheit«[14] entwickeln – den Begriff eines, mit Habermas geredet, »herrschaftsfreien Dialogs«. Faktisch aber entwickelt er ihn nicht, sondern verdirbt ihn dadurch, daß er die Arbeit in die Anerkennung hereinnimmt – und zwar so, daß sich nun die in gegenseitiger Anerkennung liegende Freiheit allein durch Arbeit herstellt: *Arbeit macht frei* – eine These, derentwegen dann Marx Hegel so sehr rühmen sollte.[15]

Die damit nur kurz angesprochenen Gesichtspunkte, die sich aus der Kantkritik Hamanns und des Jenenser Hegel und von da aus für eine Kritik des späteren Hegel und für eine Verarbeitung der linkshegelianischen Kritik ergeben, sollten meines Ermessens bei der Ausarbeitung einer Prinzipienlehre theologischer Ethik

13. PhB 114, 6. Aufl. 1952, S. 141–150.

14. A. a. O., S. 143.

15. Nationalökonomie und Philosophie (1844); Die Frühschriften, hg. von *S. Landshut*, S. 269.

mindestens die Rolle spielen, die bisher die Kantischen Traditionen behaupteten.

Die angedeutete Perspektive wird klarer, wenn wir in unsere Überlegungen die Kontroverse zwischen Gadamer und Habermas einbeziehen.

IV. Sprache und Vernunft in der Kontroverse zwischen Gadamer und Habermas

Gadamers Unternehmen einer »ontologischen Wendung der Hermeneutik am Leitfaden der Sprache«[16] ist der Sache nach nichts anderes als eine Erneuerung der Kritik Hamanns an Kant. Nach Gadamer ist es das Vorurteil der Aufklärung, daß Vernunft vorurteilsfrei sei – wie denn nach Hamann die Vernunft sich eingestehen muß, daß ihr »Vermögen« nicht einfach als eine Art innerer Naturanlage gegeben ist, sondern in der Sprache als der gemeinsamen Wurzel von Sinnlichkeit und Verstand liegt.[17] Die Vernunft ist nicht apriorisch gegeben, sondern geschichtlich vermittelt: Darin schließt sich Gadamer Hegel an, will allerdings den Weg der Phänomenologie des Geistes, also die Subjektwerdung der Substanz, insofern »zurückgehen«, als er »in aller Subjektivität die sie bestimmende Substantialität aufweist«[18] – nämlich in der Sprache. So geschieht an Stelle von Hegels ontologischer Wendung der Logik am Leitfaden des Geistes eben die »ontologische Wendung der Hermeneutik am Leitfaden der Sprache«.

Habermas nun teilt Gadamers These von der – so könnte man sagen – »Apriorität« der Sprache weitgehend, sieht bei Gadamer jedoch die Gefahr, daß sich mit dessen Hermeneutik alles und jedes rechtfertigen läßt – wie bei Hegel. Deshalb will er den hermeneutischen Ansatz Gadamers durch prinzipielle Berücksichtigung der Ideologiekritik präzisieren und korrigieren.

Auch eine Theologie, die in ihrem Bezug auf Sprachhandlungen – formal mit Gadamer – die »Apriorität« der Sprache bejaht,

---

16. Titel und Thema des 3. Teils von »Wahrheit und Methode. Grundzüge einer philosophischen Hermeneutik«.
17. Metakritik … , a. a. O. (Anm. 8), S. 224.
18. Wahrheit und Methode, 1. Aufl. 1960, S. 286.

wird unbedingt an diesem Moment der Habermasschen Kritik an Gadamer festhalten.

Man kann nicht einfach sozusagen mit der Sprache schwimmen, sich von ihr treiben lassen, sich funktionierenden Sprachspielen anpassen und einfügen. Denn sie tradieren, sie schaffen und befestigen in bestimmten Sprachregelungen immer auch Irrtum, Unwahrheit, Verblendung, Unfreiheit. Ja, sie haben, folgt man der Kritischen Theorie, einen fast nahtlos eindimensionalen Verblendungszusammenhang gewoben, der Freiheit und Wahrheit so verdeckt, daß empirische Untersuchungen positivistisch verfahrender Soziologie als sogenannte »Wahrheit« nur noch die adaequatio eines unwahren Subjektes mit einem unwahren Objekt erreichen.[19]

Der Theologe muß Habermas darin durchaus zustimmen, daß man nicht, wie Gadamer, allein von einem *Gelingen* des Gesprächs, »das wir sind«[20], ausgehen kann, sondern schon im Ansatz jene elementaren Kommunikations*störungen* berücksichtigen muß, die die Tiefenpsychologie und die Ideologiekritik in gegenseitigem Bezug aufeinander aufdecken.[21] Habermas hat darin recht, daß innerhalb des Sprachzusammenhangs ein Wahrheits*kriterium* nötig ist und der Sprachzusammenhang als solcher noch nicht – wie Gadamer zuversichtlich annimmt – die Wahrheit verbürgt, weil das »Gespräch, das wir« nach Gadamer »sind«, eben *nicht* (oder nur in esoterischem Freundeskreise) geschieht, jener – mit Hegel geredet – »reine Begriff des Anerkennens, der Verdopplung des Selbstbewußtseins in seiner Einheit« eben nicht Wirklichkeit ist. Wirklichkeit ist vielmehr der Kampf aller gegen alle um Anerkennung. Er ist noch nicht in ausgewogener Gegen-

19. Vgl. z. B. *Th. W. Adorno*: Soziologie und empirische Forschung (in: Der Positivismusstreit in der deutschen Soziologie, 1969, S. 81–101), und *H.-G. Geyer:* Das Recht der Subjektivität im Prozeß der Vergesellschaftung (in: *Geyer–Janowski–Schmidt:* Theologie und Soziologie, 1970, S. 9–49, bes. S. 40–42).

20. Vgl. Rhetorik, Hermeneutik und Ideologiekritik. Metakritische Erörterungen zu »Wahrheit und Methode«, in: Hermeneutik und Ideologiekritik, 1971, S. 65 (in einer Wendung Hölderlins).

21. *J. Habermas:* Der Universalitätsanspruch der Hermeneutik, in: Hermeneutik und Ideologiekritik, 1971, S. 120 ff., und schon: Erkenntnis und Interesse, 1. Aufl. 1968.

seitigkeit zur Ruhe gekommen, sondern tobt noch in unwürdigen, weil einseitigen Abhängigkeiten.

Das Habermassche Kriterium, im Begriff der »Mündigkeit« und des »herrschaftsfreien Dialogs« repräsentiert, ist ausdrücklich der Aufklärung verpflichtet: Nur dort ist die Sprache in ihrer Wahrheit, wo gleichberechtigte Partner in freier Anerkennung miteinander im Wort übereinkommen – auf gleicher Ebene und nicht in Verhältnissen der Über- und Unterordnung sich bewegend, wie es geschieht, wenn die in der Auseinandersetzung mit der Natur gewonnenen Herrschaftsmittel im mitmenschlichen Umgang, in den gesellschaftlichen Verhältnissen analoge Geltung gewinnen – man denke an Max Webers Ausarbeitung des Begriffs der »Rationalität«! –, wenn also Arbeit und Interaktion, poiesis und praxis nicht mehr unterschieden werden. Die durch die instrumentelle Vernunft bewerkstelligte Befreiung von der Macht der Natur schafft zwar die Bedingungen für freie gesellschaftliche Anerkennungsverhältnisse, aber keineswegs notwendig diese selbst, sondern kann sogar deren Gegenteil hervorbringen – wie Horkheimer und Adorno in der »Dialektik der Aufklärung« eindrücklich zeigen. In der Interaktion geht es vernünftig nur dort zu, wo – nach Habermas – auf herrschaftsfreien Dialog vorgegriffen bzw. er vorweggenommen wird.

Doch: Wie stimmt bei Habermas der Vorgriff auf das *Eschaton* herrschaftsfreien Dialogs mit dem in der Sprache liegenden *Apriori* der Vernunft zusammen? »Jedem Akt des Sprechens wohnt das Telos der Verständigung schon inne«, sagt Habermas.[22] Das heißt doch, daß die in Habermas' Hermeneutik prinzipiell bedachten Kommunikationsstörungen die Grundüberzeugung nicht zerstören, nach der die menschliche Gattung in der Interaktion ihrer Individuen der Befreiung aus verzerrter Kommunikation selbst mächtig ist – gemäß der idealistischen Überzeugung, »daß Vernunft sich auf dem Wege der *Selbstbegründung* transparent werden kann«[23]. Es herrscht also bei Habermas jene alte »Vermögen«-Lehre, nach der »Freiheit« potentiell schon im Menschen liegt und nur entbunden, erinnert und verwirklicht

---

22. Einleitung zur Neuausgabe (4. Aufl.) von »Theorie und Praxis. Sozialphilosophische Studien«, 1971, S. 24.
23. Erkenntnis und Interesse, 1. Aufl. 1968, S. 349.

werden muß – eine Lehre, in der sich Kant[24], Hegel und Marx unbeschadet der großen Differenzen zwischen ihnen grundsätzlich einig sind und mit ihnen auch Theologen, die als undiskutierbare Grundlage gegenwärtiger theologischer Arbeit die *Selbst*konstitution der freien Subjektivität voraussetzen.

V. Die Aufgabe: Freiheitsethik zwischen Kant und Hegel – im Sinne Luthers

Gegen diesen Sieg des Erasmus ist in der Diskussion der Prinzipienfragen systematischer Theologie mit aller Schärfe wieder zur Geltung zu bringen, daß die libertas *christiana* nur zusammen mit dem servum arbitrium oder überhaupt nicht besteht[25]. Die Freiheit des Christen vollzieht sich nicht in der subjektiven Aneignung einer an sich immer schon vorhandenen menschlichen Freiheit[26]; sie wird nicht selbst erinnert und verwirklicht, sondern gewährt, eingeräumt, zugesprochen – in jenen performativen Sätzen, von denen eingangs die Rede war. Die Freiheit konstituiert sich nicht in der Theorie und auch nicht in einer zur poiesis gewordenen Praxis, sondern wird von der Zusage im Namen Jesu geschaffen. Wie das geschieht, stellt sich klassisch in Luthers Freiheitstraktat dar[27].

24. Vgl. seine »Methodenlehre der reinen praktischen Vernunft«, der es darum geht, daß »dem Menschen ein inneres, ihm selbst sonst nicht einmal recht bekanntes Vermögen, die innere Freiheit, aufgedeckt wird« (Kr. d. pr. V. 287; PhB 38, S. 184). Diese »Vermögen«-Lehre geht auf Platons »Anamnesis«-Lehre zurück. Vgl. bes. seinen Dialog »Menon«, 80 d 5–86 c 3.

25. Dies ist präzis herausgestellt bei *H.-G. Geyer:* Norm und Freiheit, in: Das gnädige Recht Gottes und die Freiheitsidee des Menschen, hg. von *A. Falkenroth*, 1967, S. 35–68, bes. S. 52–56.

26. Nach *Hegel* kommen die Christen zum Bewußtsein dessen, »daß der Mensch als Mensch frei ist, die Freiheit des Geistes seine eigenste Natur ausmacht« bzw. »daß alle Menschen an sich frei« sind (Die Vernunft in der Geschichte, PhB 171 a, 5. Aufl. 1955), S. 62 f.; vgl. den Zusammenhang ebd., S. 54–78.

27. Vgl. *O. Bayer:* Marcuses Kritik an Luthers Freiheitsbegriff, in: ZThK 67 (1970), S. 453–478, bes. S. 464–466, 472 f., 476–478.

Sich entschieden an der Systematik des Lutherschen Freiheitstraktats auszurichten, scheint mir die einzige Möglichkeit für die theologische Ethik zu sein, in der gegenwärtigen Situation hindurchzufinden zwischen der Skylla eines transzendentalen Ansatzes im Sinne Kants und einer Zwei-Reiche-Lehre, die sich in neuerer Zeit in jeder Form bis hin zu Max Webers Unterscheidung von Verantwortungsethik und Gesinnungsethik bestimmen läßt durch den Kantischen Dualismus des Reiches der Natur, in die die Institutionen und die Legalität fallen, und des Reiches der Sittlichkeit, die reine Moralität ist, einerseits und der Charybdis einer sich in den Bahnen Hegels bewegenden Ethik der »Gegenwart Christi in der Gesellschaft«[28] andererseits. Hegel überwindet zwar – und darin ist ihm zu folgen – den Kantischen Dualismus, indem er, in der Rechtsphilosophie besonders deutlich zu fassen, die Moralität von der Sittlichkeit unterscheidet, letztere in der ersteren verankert, aber erst in Institutionen bestimmt verfaßt sieht, mithin Gesinnungsethik und Institutionslehre wechselseitig ineinander verschränkt.[29] Diese Überwindung des Kantischen Dualismus basiert aber – und darin besteht die Charybdis – auf einer Prämisse, die sich theologische Ethik nie wird zu eigen machen können. Wir werden auf diesen Punkt zurückkommen.[30]

VI. Rückgriff auf Luther

Luthers reformatorischer Ansatz liegt in der Zusage der Freiheit im Namen Jesu und deren Annahme, in Wort und Glaube. Die dem Glauben folgende Liebe muß nach Luthers in den Zusammenhang einer festgefügten, noch keineswegs von einem »rapid social change« erschütterten patriarchalischen Lebenswelt hineingebundenen Einsicht diese Welt nicht zerbrechen, sondern kann sich durchaus innerhalb dieser Welt bewegen, die

28. Vgl. die gleichnamige Arbeit von *W.-D. Marsch*, 1965.
29. Diese für den Aufbau der Rechtsphilosophie konstitutive Verschränkung ist präzis aufgewiesen bei *J. Ritter:* Moralität und Sittlichkeit. Zu Hegels Auseinandersetzung mit der kantischen Ethik, in: Metaphysik und Politik. Studien zu Aristoteles und Hegel, 1969, S. 281–309.
30. S. u. Abschnitt VII, 2 (S. 52–54).

er in einer naturrechtlich wie biblisch begründeten Ordnungs- und Ständelehre begreift. Doch – und das ist das Entscheidende! – ist die bestimmte »Inkarnation« der Liebe mit dieser selbst und mit der sie ins Werk setzenden Freiheit des Glaubens keineswegs identisch. Es bleibt freilich die große Frage – eine historische Frage von höchster systematischer Relevanz –, warum Luther gerade vom Ansatz seiner reformatorischen Ethik her, wie er sich im Freiheitstraktat bekundet, den Bauern und Müntzer so energisch widersprach, als sie die christliche Freiheit »fleischlich« in Anspruch nahmen. Ich kann das nur so verstehen, daß er die Gefahr einer Identifizierung von göttlicher und menschlicher Freiheit sah, mit der man das Grund-Folge-Verhältnis und die daraus sich ergebende Entsprechung nicht mehr gelten läßt.

Daß unbeschadet der bleibenden Unterscheidung von göttlicher und menschlicher Freiheit die dem Glauben folgende Liebe nicht nur das Leben *in* den gegebenen Ordnungen und Verhältnissen, sondern diese selber so betrifft, daß sie sich verändern, hat Luther durchaus, aber nicht nach allen Seiten hin, wahrgenommen. Daß das neue Berufsverständnis, das den Laien Freiheit, weil – von der *einen* Taufe her! – Gleichheit brachte, eine auch soziologisch aufweisbare Strukturveränderung im Gefolge hatte, ist bekannt. Daneben aber steht, daß Luther keine Notwendigkeit sah, dieselbe Veränderung im Bereich der Autoritätsverhältnisse im »Haus« und in den entsprechenden Beziehungen der »Häuser« zum »Herrscherhaus« zu betreiben.[31] Über dieser konservativen Haltung darf jedoch keinesfalls das revolutionäre Moment verkannt werden, das im reformatorischen Ansatz selbst liegt und von Hegel und Marx und der Tradition marxistischer Geschichtsschreibung nicht zu Unrecht unter dem Titel der »Freiheit« emphatisch (emphatisch jedenfalls bei Hegel) herausgestellt wurde. »Erst mit Luther – heißt es in Hegels Vorlesungen über die Geschichte der Philosophie – begann die Freiheit des Geistes, im Kerne ... Die Explikation dieser Freiheit [sc. im politischen Be-

---

31. Zu dieser Begrifflichkeit der Beschreibung der patriarchalischen Lebenswelt Luthers vgl. *O. Brunner:* Das »ganze Haus« und die alteuropäische »Ökonomik«, in: Neue Wege der Sozialgeschichte, 1956.

reich] und das sich denkende Erfassen derselben ist ein Folgendes gewesen.«[32]

Angesichts dieser in den politischen Bereich explizierten Freiheit, die sich vor allem in den Menschenrechten deklariert, bricht das für Erwägungen zum Ansatz theologischer Ethik als Freiheitsethik fundamentale Problem auf, ob die Folge automatisch den Grund in sich aufbewahrt und es überflüssig ist, ihn ausdrücklich geltend zu machen, *oder* ob er sich nicht nur verliert, in immer größerer, gleichsam homöopathischer Verdünnung seine Kraft einbüßt, sondern sogar in sein Gegenteil sich verkehrt, wenn er verkannt, sozusagen ins Unkultivierte abgedrängt wird.

Keiner in der Neuzeit hat dieses Problem in seiner Weite und Tiefe so klar erkannt wie Hegel.

VII. Das Problem der säkularisierten Freiheit

1. Dieses Problem der säkularisierten Freiheit, das ich *die nachchristliche Version des Problems von »Gesetz und Evangelium«* nennen möchte, bricht dort auf, wo Freiheit, mit Hegel geredet, nur als Gesetz und nicht als Gesinnung herrscht.[33] Daß Freiheit nur als Gesetz, nicht aber als Gesinnung herrscht, ist jedoch eine innere Unmöglichkeit. Denn: »Beide Seiten, die Gesinnung und jede formelle Konstitution, sind unzertrennlich und können sich gegenseitig nicht entbehren; aber in neuerer Zeit ist die Einseitigkeit zum Vorschein gekommen, daß einerseits die Konstitution sich selber tragen soll und Gesinnung, Religion, Gewissen andrerseits als gleichgültig auf die Seite gestellt sein sollten, indem es die Staatsverfassung nichts angehe, zu welcher Gesinnung und Religion sich die Individuen bekennen.«[34] Diese Einseitigkeit ist verhängnisvoll. »Unter Robespierre hat in Frankreich der Schrecken regiert, und zwar gegen die, welche nicht in der Gesinnung der Freiheit waren, weil sie verdächtig gewesen sind, das heißt um der

32. Werke, hg. von *H. Glockner*, Bd. 19, S. 254f.

33. Begriff der Religion, letzter Abschnitt (»Die Freiheit als Gesetz und als Gesinnung«) als Abschluß der Behandlung des »Verhältnisses der Religion zum Staat«; PhB 59, S. 308–311.

34. A. a. O., S. 310.

Gesinnung willen.«[35] »So zeigt es sich, daß in der formell ausge-
bildeten Konstitution der letzte Notanker doch wieder die Gesinnung ist, die in ihr beiseite gestellt war und nun mit Verachtung
aller Form sich geltend macht.«[36]

Wie kann sie sich in aller Form geltend machen? Hegel antwortet darauf merkwürdig unpräzis. Einerseits will er entschieden
keine Verwilderung jenes Raumes der Gesinnung, sondern seine
Kultivierung – und zwar in ganz bestimmter Weise: nämlich im
Sinne allein des Protestantismus, weil diesem zufolge, nach Hegels Verständnis, im Glauben »das Moment der subjektiven Freiheit ausdrücklich gefordert« ist.[37] Andererseits ist es nach Hegel
jedoch gleichgültig, zu welcher Kirchengemeinde die Staatsbürger sich halten, wenn sie nur, was der Staat allerdings verlangen
muß, zu irgendeiner Kirchengemeinde gehören.[38] Denn es ist für
Hegel gerade nicht eine bestimmte Konfession in ihren bestimmten Sprachhandlungen, aus der jene Gesinnung käme, durch die
die gesetzlich-institutionell gewährte und geschützte Freiheit in
der Subjektivität der einzelnen Staatsbürger verankert sein muß.
Über den Zwiespalt der Konfessionen hat sich ja der Staat in seiner Allgemeinheit erhoben, indem er diese Allgemeinheit eben
dank der konfessionellen Zersplitterung – aus der Notwendigkeit
heraus, sie zu überwinden – gewann. Was damit erreicht ist, kann
auf keinen Fall mehr rückgängig gemacht werden; der Staat würde sich als das schlechthin Allgemeine selbst zerstören, bände er
sich an eine bestimmte Konfession.

Beide Seiten, die zunächst nicht zueinander zu passen scheinen, fügen sich für Hegel jedoch deshalb ineinander, weil er das
Christentum im Protestantismus als Allgemeines entdeckte und
ihn so als Besonderes negieren konnte und mußte. Im Protestan-

35. A. a. O., S. 311. Vgl. die Phänomenologie des Geistes, PhB 114,
6. Aufl., S. 414–422 (»Die absolute Freiheit und der Schrecken«).

36. A. a. O. (Anm. 333), S. 311.

37. A. a. O., S. 307.

38. Der Staat hat, »indem die Religion das ihn für das Tiefste der Gesinnung integrierende Moment ist, von allen seinen Angehörigen zu fordern, daß sie sich zu einer Kirchengemeinde halten – übrigens zu irgendeiner, denn auf den Inhalt, insofern er sich auf das Innere der Vorstellung
bezieht, kann sich der Staat nicht einlassen« (Grundlinien der Philosophie
des Rechts, § 270, Suhrkamp-Werkausgabe, Bd. 7, S. 420).

50

tismus tritt, nach Hegel, nur das heraus, was der Mensch an sich immer schon ist, nämlich, daß er frei ist. »Dies ist der wesentliche Inhalt der Reformation: der Mensch ist durch sich selbst bestimmt, frei zu sein.«[39] Und wenn es im selben Zusammenhang vom Ereignis der Reformation heißt, daß es in Luthers Entdeckung der »Tiefe« der »unendlichen Subjektivität« bestehe[40], dann besagt dies, mit der eben zitierten zusammenfassenden Formulierung verknüpft, daß die Selbstbestimmung zur Freiheit durch die Konstituierung der Subjektivität des Menschen geschieht bzw. mit ihr zusammenfällt. Die Subjektivität des Menschen konstituiert sich, indem das Subjekt sich seiner selbst bewußt wird, das heißt nun aber – gemäß der idealistischen Identitätsprämisse – seiner Einheit mit Gott. Die an sich bestehende Einheit des Menschen mit Gott ist die Bedingung der menschlichen Freiheit. Das Subjekt wird wahrhaft frei, indem es seine Partikularität aufgibt und zum Inhalt seines Denkens und Wollens das Allgemeine und Vernünftige macht, das identisch ist mit der substantiellen Wahrheit, mit Gott.

In der Tiefe der unendlichen Subjektivität, in der sich der Mensch in einem absoluten Verhältnis zum Absoluten begreift, ist die Freiheit noch ohne konkrete Bestimmungen. Aus ihrer subjektiven Tiefe heraus muß sie sich in scharf bestimmte Formen der Sittlichkeit ausbreiten, die ihrerseits auf jene Tiefe bleibend angewiesen sind. Die *Weite* der Allgemeinheit des Staates und die *Tiefe* der Allgemeinheit der Religion entsprechen einander[41]. Die staatliche Allgemeinheit und die von ihr gesetzlich-institutionell gewährte und geschützte Freiheit sind bleibend auf ihre Begrün-

39. Vorlesungen über die Philosophie der Geschichte (Suhrkamp-Werkausgabe, Bd. 12, S. 497). Die Punktierung (Doppelpunkt) läßt sich aus dem Kontext rechtfertigen.
40. A. a. O., S. 494.
41. »Der Eid, das Sittliche überhaupt, wie das Verhältnis der Ehe führen zwar die innere Durchdringung und die Erhebung der Gesinnung mit sich, welche durch die Religion ihre tiefste Vergewisserung erhält; indem die sittlichen Verhältnisse wesentlich Verhältnisse der wirklichen Vernünftigkeit sind, so sind es die Rechte dieser, welche darin zuerst zu behaupten sind und zu welchen die kirchliche Vergewisserung als die nur innere, abstraktere Seite hinzutritt« (Grundlinien der Philosophie des Rechts, § 270, a. a. O. [Anm. 38], S. 421 f.).

dung in jener Tiefe der Subjektivität, der Gesinnung, der Religion angewiesen. Wahre Freiheit ist religiöse *und* politische Freiheit – wie denn der Wille, den reformatorischen Freiheitsbegriff mit dem der Französischen Revolution zusammenzudenken, für Hegels Philosophie konstitutiv ist[42].

Es zeigt sich aber, daß das Problem der säkularisierten Freiheit ein zweifaches ist und über die von Hegel bedachte Dimension hinaus eine weitere Dimension hat, in der es um Hegels Prämissen geht. Auf diese zweite Dimension des Problems ist nun einzugehen und dabei in einer Kritik Hegels die oben angesprochene Charybdis zu vermeiden.

2. Bis jetzt noch unerledigt ist ja die Frage, wie die Subjektivität in ihrer Unendlichkeit, wie die Selbstbestimmung zur Freiheit abgesehen von ihrer Objektivation in die Weite politischer Bestimmungen, wie sie also in ihrer *Tiefe* eine *Form* haben könne. Denn eine Form, die bestimmt ist, muß sie doch haben, wenn sie nicht verwildern, wenn sie sich nicht mit Verachtung aller Form geltend machen will.

Die einzige dieser Gesinnung wirklich angemessene Form ist das Begreifen und Wissen des Religionsphilosophen Hegel; jede konkrete religiöse, konfessionelle Form ist nur die Notlösung für das Volk[43].

In seiner Religionsphilosophie setzt Hegel voraus, was er auch als Luthers »großes Prinzip« rühmt, nämlich: »daß alle Äußerlichkeit in dem Punkte des absoluten Verhältnisses zu Gott verschwindet«.[44] Die sinnliche Form der Religion, und sei es die einer Sprachhandlung von der Art der Zusage der Sündenvergebung, ist für Hegel Äußerliches und muß als solches negiert werden. Der Inhalt läßt sich von der Form lösen und sich, losgelöst

42. Vgl. *J. Ritter:* Hegel und die Reformation, a. a. O. (Anm. 29), S. 310–317.

43. Begriff der Religion (Anm. 33), S. 311.

44. Vorlesungen über die Geschichte der Philosophie III (Suhrkamp-Werkausgabe, Bd. 20, S. 52). Die Frage ist, ob bei der Behauptung der Absolutheit des Verhältnisses überhaupt noch von einem »Verhältnis« gesprochen werden kann. Wäre das nicht eine innere Unmöglichkeit? In einem Verhältnis ist man zum andern eben in einer Relation, also relativ und nicht absolut.

von der Form, aneignen.[45] Zunächst erscheint er nur als Gefühl, dann als Vorstellung. Nachdem ihn Hegel so, gleichsam für seine Logik präpariert, vor sich gebracht hat, sich vorgestellt, vor sich hingestellt hat, kann er nur noch den Übergang von der Vorstellung in den Begriff fordern und vollziehen.

Man wird kritisch bemerken müssen, daß dabei sich die Hybris der Theorie doch wohl allzu sorglos über das Problem erhebt, wie sich Freiheit und Subjektivität konkret konstituieren. Die Theorie muß alles Besondere als sündhafte Borniertheit negieren, um in das absolute Verhältnis zum Absoluten zu kommen. Sie kann die für eine christlich-theologische Anthropologie und Ethik fundamentale und unaufgebbare Unterscheidung zwischen sündiger Borniertheit und gottgewollter, kreatürlicher Besonderheit und Begrenztheit nicht anerkennen: Religion ist ja das Sicherheben über das Endliche ins Unendliche.[46]

Sind aber die Sache christlicher Theologie jene konkreten Sprachhandlungen, in denen Evangelium und Gesetz – freimachend und verpflichtend – zur Geltung kommen, Sprachhandlungen, in denen der Unterschied von Gott und Mensch sich setzt und der Mensch dabei begrenzt wird[47], dann widerstehen sie in ihrer sinnlichen Widerständigkeit einer Aufhebung in den Begriff. In ihrem Sinn ist Religion keineswegs das Sicherheben über das Endliche ins Unendliche, sondern gerade die Anerkennung und Erkenntnis der durch Gott bestimmten Endlichkeit der Existenz.

Es war Feuerbach, der die bezeichnete Achillesferse der Hegelschen Religionsphilosophie erkannte[48]: »Ich habe«, sagt Feuerbach, »die spekulative Philosophie an ihrer empfindlichsten Stelle, an ihrem eigentlichen Point d'honneur, angegriffen, indem ich

45. Begriff der Religion; Verhältnis der Religion zur Philosophie, Vorstellung und Begriff, a. a. O. (Anm. 33), S. 291–298.

46. Vgl. z. B. a. a. O., S. 230, vor allem aber S. 58f.

47. Vgl. die Thesen E. Jüngels: Grenzen des Menschseins, in: Probleme biblischer Theologie, Gerhard von Rad zum 70. Geb., hg. von H. W. Wolff, 1971, S. 199–205.

48. Er vermochte sie jedoch nicht konsequent zu kritisieren; s. O. Bayer: Gegen Gott für den Menschen. Zu Feuerbachs Lutherrezeption, in: ZThK 69 (1972), S. 34–71, bes. S. 65–68.

... nachwies, daß sie, um die Religion mit sich in Einklang zu bringen, die Religion ihres wahren, wesentlichen Inhalts beraubt«[49]. Er polemisiert »gegen die Philosophie, welche behauptet, sie habe denselben Inhalt mit der Religion, nur streife sie die Form der Sinnlichkeit ab, in welche ihn die Religion versenke«, und entgegnet ihr: »Diese Form läßt sich nicht vom Inhalt der Religion absondern, ohne sie selbst aufzuheben; sie ist der Religion absolut wesentlich.«[50]

Mit Feuerbach wird man gegen Hegel darauf bestehen müssen, daß die sinnliche Form der Religion absolut wesentlich ist[51]. Feuerbach täuschte sich, jedenfalls im Blick auf das Christentum, freilich darin, daß er diese »absolut wesentliche« Form primär in einem analysierbaren psychischen Phänomen sah, nicht aber in einer Freiheit gewährenden und zum Dienst verpflichtenden Sprachhandlung.

Hegel hat die primär nur in der Zusage wirkliche Freiheit des Christen durch ihre Theoretisierung in der Tat säkularisiert und ist in dieser Theoretisierung Atheist (entgegen seinem Selbstverständnis als Lutheraner!). Er hat – und das gilt für die gesamte Identitätsphilosophie – die Zusage der Freiheit im Sinne einer Selbstbezüglichkeit umgebogen, reflexiv in das Denken hineingenommen, das sich selber zu verifizieren beansprucht. Aber eben dies und sonst nichts ist Atheismus. Der Mensch will sich die Wahrheit über sich selber sagen, leugnet aber eben damit Gott, macht ihn zum Lügner: homo verax – deus mendax! In dieser Selbstbezüglichkeit und Selbstbespiegelung verliert der neuzeitliche Narziß seine ihm von Gott *zugesprochene*, ihm allein gewährte, ihm geschenkweise, ihm nicht an sich zukommende Subjektivität und Freiheit. Er verliert sie, mit Luthers Freiheitstraktat (§ 16) geredet, wie jener Hund der Fabel Äsops, der ein Stück Fleisch im Maul trug und nach dem Spiegelbild im Wasser schnappte, nicht nur das Fleisch, sondern auch das Bild verlor.

49. Vorrede zur 2. Aufl. des »Wesens des Christentums« (1843); Sämtl. Werke, neu hg. von *W. Bolin* und *Fr. Jodl*, Bd. 7, S. 276.

50. Vorwort zum ersten Band der Gesamtausgabe 1846, S. XIII.

51. Hegel lehnt dies, Feuerbachs Kritik der Sache nach schon vorwegnehmend, ausdrücklich ab: Begriff der Religion (Anm. 33), S. 296.

VIII. Natur–Arbeit–Leistung–Gesetz

Ein kritisches Gespräch mit Hegel ist weiter so zu führen, daß man gegen sein Denken von 1807 ab seine frühere Philosophie, vor allem die Jenenser Philosophie, geltend macht. Ich kann die Dialektik, in die man bei einer solchen Auseinandersetzung gerät, hier nicht entwickeln, muß aber wenigstens andeuten, was sie als kritischer Anschluß an Hegel und Marx für unsere Frage nach dem Ansatz theologischer Ethik als Freiheitsethik erbringt, nämlich: daß die Auseinandersetzung des Menschen mit der *Natur* und ihre ungeheure Rückwirkung auf das menschliche Mit- und Gegeneinander, kurz: daß die Kategorie der »*Arbeit*« einen völlig anderen Stellenwert gewinnt als ihr in einer vom Kantischen Dualismus bestimmten Zwei-Reiche-Lehre zukommt, indem sie nun als ethische *Grund*kategorie begriffen wird.

Die Arbeit hat freilich ein Janusgesicht. Denn sie schlägt nicht nur emanzipatorisch in die Interaktion herein, sondern auch versklavend. Einerseits bedeutet die über das abstrakte Äquivalent des Geldes im Tausch vermittelte Gegenseitigkeit eine Versachlichung menschlicher Beziehungen und ist zweifellos eine Bedingung der Freiheit der Person[52]. Andererseits aber kann das Gesetz dieser Gegenseitigkeit zur Sünde der Selbstbehauptung in der Beherrschung des andern mißbraucht werden und wird in der Tat in einem Kampf aller gegen alle um Anerkennung so mißbraucht, daß es uns, obwohl doch zum Leben in *freier* Anerkennung gegeben, in den Zwang zur *Leistung* treibt, uns aufgrund der Leistung als der Erfüllung des (pervertierten!) Gesetzes vor uns selber und vor andern Anerkennung suchen, dabei aber in die superbia bzw. desperatio geraten läßt.

Ich kann hier nur die These aufstellen und mit ihr die Erwartung verbinden, daß ein Text wie Römer 7 sich an uns und unserer Zeit ungleich wirksamer als in seiner existentialen Interpretation erwiese, wenn er als kritischer Leitfaden bei einer Durchdringung und Verarbeitung dessen gebraucht wird, was Hegel und Marx, ihre Zeit in Gedanken erfassend, gedacht haben. (Die existentiale Interpretation wäre in solchem Gebrauch gut aufgehoben!)

---

52. Vgl. *J. Ritter:* Person und Eigentum. Zu Hegels »Grundlinien der Philosophie des Rechts«, §§ 34 bis 81, a. a. O. (Anm. 29), S. 256–280.

IX. Fröhlicher Tausch und öffentliches Wort

Den Sieg über den »verruchten Tausch«, den aufzudecken die Leidenschaft Adornos war, erhoffen die Christen nicht aus einer »negativen Dialektik«, sondern glauben ihn in Christus vollbracht – so daß der »*verruchte* Tausch« kraft des »*fröhlichen* Tausches«, von dem Luthers Freiheitstraktat redet, ausgespielt hat.

Es liegt nicht zuletzt für den Ansatz der Ethik alles daran, daß der »fröhliche Tausch« kein zu verwirklichendes Bild ist, sondern in konkreten Sprachhandlungen geschieht – in performativen Sätzen, in denen keine selbsterarbeitete bzw. selbstzuerarbeitende Freiheit *deklariert*[53], sondern allein eine geschenkte Freiheit in Anspruch genommen und dem Hörer in seiner sinnlich-besonderen Situation, diese und ihn verändernd, *zugesagt* wird.

So sehr diese Zusage der Freiheit den einzelnen trifft, ja, ihn erst zu einem solchen macht, indem sie, schon in ihrer sinnlich-*besonderen* Form barmherzige Nähe zum einzelnen, ihn dem immer *allgemeinen,* Gesetz abstrakter Rationalität entreißt, so wenig entnimmt sie ihn dem Kampfplatz gesellschaftlicher Antagonismen, um ihn etwa in eine durch die Welt der Arbeit und Interaktion verschüttete Tiefe seiner Existenz zu führen, in der er mit sich und seinem göttlichen Gegenüber allein wäre. Vielmehr geschieht sie in scharfem Widerspruch zu den Ansprüchen des verruchten Tausches, geschieht sie im Bezug auf die institutionellen und nichtinstitutionellen Anerkennungsverhältnisse, um in bestimmter Negation vorab den Zwang des Gesetzes der Leistung zu brechen.

In der Folge solcher Befreiung ändert sich nicht nur das Verhältnis zu Zwangsverhältnissen, sondern ändern sich diese auch selbst. (Man denke etwa an den puritanischen Kampf gegen die Sklaverei!)

Für eine Änderung der Zwangsverhältnisse kommt eine nicht

---

53. Zum Unterschied von selbsterarbeiteter und selbstzuerarbeitender Freiheit und zum entsprechenden Unterschied zweier Arten von »Deklaration«, wie er im Gegenüber der amerikanischen und der französischen Deklaration der Freiheitsrechte gegeben ist, vgl. *J. Habermas:* Naturrecht und Revolution (Theorie und Praxis. Sozialphilosophische Studien, 3. Aufl. 1969, S. 52–88) und die dort genannte Literatur.

zu unterschätzende Bedeutung der öffentlichen Diskussion zu. Eben im Bereich der »öffentlichen Meinung« bewegt sich christliches Handeln elementar: gemäß der sprachlichen Verfaßtheit seines Grundes in öffentlicher Zusage und der von dieser gewirkten parrhesia. (Entsprechend muß eine Theologie, die sich als kritische Funktion der Kirche des Wortes versteht, in der Ethik auch »Medienethik« sein!) Alle staatlichen und gesellschaftlichen Institutionen bis hin zur Kirche als Körperschaft öffentlichen Rechts müssen sich aus dem Konsens der Bürger rechtfertigen, der nur in öffentlichen Verhandlungen sich bilden kann. Das Kriterium der hier mitredenden Christen kann nichts anderes sein als das, was sie motiviert: die Freiheit, die ihre bleibenden Konstitutionsmerkmale in den reformatorischen notae ecclesiae hat.[54] Von dieser Freiheit ist nicht ausgeschlossen, sondern eingeschlossen, daß Christen zwischen dem Grund und Ziel ihres Glaubens manchen Weg mit solchen gehen können und müssen, die diesen Grund und dieses Ziel nicht kennen oder nicht anerkennen. Dabei werden sie aber vom Grund ihres Handelns her einen klaren Blick dafür bewahren, daß jede Institution als solche Gesetz, abstraktes Allgemeines, ist – auch die, die mit den Menschenrechten politische Freiheit schützt. Gerade als solche wirft sie das oben von Hegel aus anvisierte Problem der säkularisierten Freiheit auf: daß nämlich Freiheit als Gesetz nicht ohne Freiheit als Gesinnung sein kann.

Die Auskunft Hegels wird eine theologische Ethik freilich kriti-

---

54. Vgl. *M. Luther:* Von den Konziliis und Kirchen (1539); WA 50, 628,29 – 642,32. Danach wird Kirche »äußerlich erkannt« am »Wort«, speziell in seinen Gestalten der »Taufe«, des »Abendmahls« und der »Schlüssel« (d. h. des Absolutionswortes), sowie an ihren »Ämtern« (die im Sinne von 1Kor 12 präziser als »Dienste« zu fassen wären), am öffentlichen »Gebet« und Bekenntnis (dazu rechnet Luther, daß man den »Catechismum treibet öffentlich«: 641,24) und (zuletzt!) am »Kreuz« (der ecclesia pressa), das um des Evangeliums willen erlitten wird. Diese sieben »äußerlichen Zeichen« (643,6) weisen aber nicht auf etwas Innerliches, das von ihnen zu unterscheiden wäre. Sondern in, mit und unter ihnen wird Kirche nicht nur erkannt, sondern auch konstituiert. Das so siebenfach bezeichnete öffentliche Geschehen ist in seiner Einheit mit dem identisch, was oben, im Abschnitt 1, unter dem Titel bestimmter »Sprachhandlungen« als Grund der Freiheit der Christen angesprochen wurde.

sieren müssen und sich statt auf die Gesinnung der sich selbst konstituierenden Subjektivität auf die konkrete Form der Christuszusage beziehen.

X. Zusammenfassung

Abschließend möchte ich versuchen, die vorgelegten Erwägungen zum Ansatz theologischer Ethik als Freiheitsethik in ihren wesentlichen Intentionen zusammenzufassen:

Es geht mir um nichts anderes als um den Anschluß an die paulinisch-reformatorische Sequenz von Wort, Glaube, Liebe[55]. Damit ist der Grund und die bleibende Mitte evangelischer Ethik bezeichnet. Es bleibt dem heutigen Ethiker, diese Sequenz im Zusammenhang der neuzeitlichen Geschichte, speziell innerhalb der gegenwärtigen wissenschaftstheoretischen Diskussion, verständlich zu machen und kritisch zur Geltung zu bringen. Es kann sich also nicht darum handeln, lediglich einige reformatorische Formeln, aus ihrem Zusammenhang gelöst, in die Gegenwart zu übertragen. Vielmehr ist eine kritische Vermittlung des Ansatzes reformatorischer Ethik mit den Grunddaten der Neuzeit zu leisten und dabei besonders der »Strukturwandel der Öffentlichkeit«[56] zu berücksichtigen. Eine solche Vermittlung schließt eine Kritik an der Sozialethik des Luthertums ein, vor allem an deren moderner Verknüpfung der Zwei-Reiche-Lehre mit dem Kantischen Dualismus.

Ein Anschluß an Hegel, dessen große Leistung es war, die Reformation mit der Aufklärung, genauer: den Freiheitsbegriff Luthers mit dem der Französischen Revolution zusammenzudenken, kann nur kritisch sein, weil Hegel diese Synthese von Gesinnung und Gesetz, von Religion und Sittlichkeit auf dem Boden der sich selbst konstituierenden neuzeitlichen Subjektivität unternimmt –

---

55. Vgl. die prägnante Formulierung *M. Luthers* in seiner Schrift: Von der babylonischen Gefangenschaft der Kirche (1520): »Das Wort Gottes ist von allem das erste. Aus ihm folgt der Glaube, aus dem Glauben die Liebe. Die Liebe schließlich vollbringt jedes gute Werk. Denn sie ist die Erfüllung des Gesetzes« (WA 6,514, 19f.).

56. Vgl. das gleichnamige Buch von *J. Habermas*.

so, daß die allein in der Christuszusage gewährte Freiheit pervertiert als das ergriffen wird, wozu der Mensch sich durch sich selbst bestimmt[57]. Zu streiten ist gegen die Preisgabe der sinnlichen Form christlicher Sprachhandlungen zugunsten eines »Begreifens«, einer Logifizierung und Theoretisierung des Inhalts und gegen die darin liegende Verkennung der Prävenienz des zueignenden Wortes und die daraus folgende Verabsolutierung der Aneignung.

Ich versuchte, die Grundzüge einer in einer weitläufigen Ausführung zu leistenden kritischen Vermittlung des paulinisch-reformatorischen Ansatzes theologischer Freiheitsethik mit der Freiheitsproblematik der Neuzeit anzudeuten und gebrauchte dabei gegenwärtige sprachanalytische, hermeneutische und ideologiekritische Fragestellungen – so daß zugleich mit der Notwendigkeit die Grenze ihres Gebrauches wie in der theologischen Wissenschaft überhaupt so speziell in der theologischen Ethik – ansatzweise – deutlich werden sollte.

57. »Dies ist der wesentliche Inhalt der Reformation: Der Mensch ist durch sich selbst bestimmt, frei zu sein« (Vorlesungen über die Philosophie der Geschichte, s. o. Anm. 39).

3.
Sprachbewegung und Weltveränderung

Ein systematischer Versuch
als Auslegung von Mt 5,43–48*

I.

Systematische Theologie war gewiß immer auch Bibelauslegung. In einer bestimmten Hinsicht ist sie aber nichts anderes als dies. Das scheint eine programmatische These zu sein. Ich möchte sie vertreten. Sie ist nicht neu, sondern entspricht insbesondere der Theologie der Reformatoren.

Alles kommt nun freilich auf das Verständnis des Vorgangs der »Auslegung« und der in ihr wirksamen Hermeneutik an.

Die Auslegung des Textes muß sich durch dessen konkrete Geschichte hindurchbewegen, die zustimmenden und ablehnenden Antworten, die er erfuhr, mitbedenken und die Einwände verarbeiten, die aus unserer gegenwärtigen Erfahrung und deren wissenschaftlicher Reflexion kommen.

Im ganzen Zusammenhang seiner Auslegung ist freilich nichts anderes als eben der Text in seiner Sprachbewegung festzuhalten. Die Theologie findet ihre Sache nicht hinter, vor, über oder unter dem Text, sondern allein *in* ihm – und in ihm nicht in einzelnen Stichwörtern, Gedanken, Vorstellungen, Aussagen oder Geboten, sondern in ihm als Ganzem, in seiner sprachlichen Bewegung, nicht abstrahiert von dieser.

Isoliert man z. B. aus unserem Matthäustext das Gebot der Feindesliebe, dann wird dieses, aus dem Zusammenhang der Sprachbewegung, in dem es steht, herausgerissen, fast zwangsläufig zu einer Vorschrift, einer Sollbestimmung, verkehrt. Wer von ihr angesprochen ist, sieht sich einer Norm gegenüber, die es zu erfüllen gilt.

Eine andere Verkehrung des Textes wäre es, ihn nicht in seiner

---

* Erstmals erschienen in: EvTh 35 (1975), S. 309–321, als Antrittsvorlesung am 21. Januar 1975 an der Ruhr-Universität Bochum gehalten.

Sprachbewegung zu belassen, sondern ihn in eine Gedankenbewegung zu übersetzen, wie es der Methode der Religionsphilosophie Hegels entspräche.

Auch eine existentiale, d. h. auf menschliche Grundbefindlichkeiten hin erfolgende, Interpretation würde den Text verfehlen. Denn in ihrem Rückgang hinter den Text (vgl. Anm. 36) abstrahiert sie von der verändernden Kraft seiner Sprachbewegung.

Im folgenden versuchen wir, die drei genannten Verkehrungen zu vermeiden und, im wesentlichen, sprachanalytisch vorzugehen – in der Erwartung, auf diese Weise dem Text am ehesten gerecht zu werden.

II.

Die Komposition des matthäischen Christuswortes Mt 5,43–48 läßt sich folgendermaßen gegliedert sehen: 1. Die angesprochene These (V. 43), 2. Die zugemutete Antithese (V. 44.45a), 3. Deren Begründung (V. 45ab). Die parallel gebauten, im rhetorischen Fragestil argumentierenden Verse 46 und 47 erläutern das Ganze (γάϱ, V. 46, ist nicht begründend, sondern erläuternd zu verstehen). Vers 48, Abschluß und Höhepunkt des ganzen Kapitels, faßt zunächst und hauptsächlich das Ergebnis von 43–47 zusammen (οὖν).

Eine Rekonstruktion der in den matthäischen Text mündenden Überlieferungsgeschichte ist in der folgenden Analyse nicht beabsichtigt, wohl aber vorausgesetzt (vgl. bes. D. Lührmann: Liebet eure Feinde, in: ZThK 69 (1972), S. 412–438). Unsere Analyse nimmt den Text als *Einheit* – als Rede Jesu, des Christus, wie sie Matthäus, in der Freiheit des Evangelisten, bezeugt. Die in solchem Vorgehen implizierten christologischen Entscheidungen müssen, was in diesem Rahmen nicht geschehen kann, eigens thematisiert werden.

1. Die These
In Vers 43 wird der status quo angesprochen und mit ihm eine Erfahrung, die man im Fahrwasser der Tradition macht und durch eben diesen Traditionsprozeß, den man auf Gott selbst zurück-

führt[1], legitimiert sieht, nämlich den Volksgenossen zu lieben – den zu lieben, der euch liebt, den zu grüßen, der euch grüßt, den anzuerkennen, der euch anerkennt. »Gleich und gleich gesellt sich gern.«[2]

Nicht isolierte Individuen sind dabei im Blick, sondern ein gesellschaftlich konstituiertes Selbstbewußtsein. Mit Hegels »Phänomenologie des Geistes« geredet: »Jedes sieht *das andre* dasselbe tun, was es tut; jedes tut selbst, was es an das andre fordert, und tut darum, was es tut, auch nur insofern, als das andre dasselbe tut.«[3] »Jedes ist dem andern die Mitte, durch welche jedes sich mit sich selbst vermittelt und zusammenschließt ... Sie *anerkennen* sich, als *gegenseitig sich anerkennend.*«[4]

Die in solcher Nächstenliebe gebildete Gleichheit und Brüderlichkeit ist eine gegenseitige Anerkennung im Sinne des Eros, der menschlichen Liebe, von der Luther (28. These der Heidelberger Disputation) sagt, daß sie im Unterschied zur göttlichen Liebe ihr Liebenswertes nicht schafft, sondern vorfindet[5]. Immerhin vermag sie den Kampf aller gegen alle um Anerkennung jedenfalls im Partiellen zu beruhigen, mindestens aber zu regulieren.

Nur ist diese Beruhigung des Kampfes in höchstem Maße beunruhigt von den *Grenzen* der Parzelle her. Werden diese Grenzen

1. Denn was die passivische Formulierung »Es ist gesagt« zwar vermeidet, zugleich aber meint, ist ja nichts anderes als der Name Gottes (passivum divinum).

2. Das schon für den platonischen Eros bezeichnende (Symp. 195b) Sprichwort wird positiv von *Aristoteles* aufgenommen und überliefert sich mit dessen Ethik bis ins heutige Bewußtsein. Vgl. eth. Nic. 1155a 34f.: ... ὅθεν τὸν ὅμοιόν φασιν ὡς τὸν ὅμοιον.. (Daher sagt man: »Gleich und gleich gesellt sich gern«) besonders mit 1155b 19f.: δοκεῖ γὰρ οὐ πᾶν φιλεῖσθαι ἀλλὰ τὸ φιλητόν, τοῦτο δ' εἶναι ἀγαθὸν ἢ ἡδὺ ἢ χρήσιμον (Denn offenbar kann nicht alles geliebt werden, sondern nur das Liebenswerte, und als solches gilt das, was gut, angenehm oder nützlich ist). – Es wiederholt sich damit im ethisch-politischen Bereich der erkenntnistheoretische Satz, daß Gleiches nur durch Gleiches erkannt werden kann.

3. *G. W. F. Hegel:* Phänomenologie des Geistes, hg. von J. Hoffmeister (PhB 114), 1952[6], S. 142.

4. A. a. O., S. 143.

5. Amor Dei non invenit sed creat suum diligibile, Amor hominis fit a suo diligibili (WA 1, 365,2f. = BoA 5, 391,30f.); 1518.

zerbrochen, dann zerbricht die innerhalb ihrer erfahrene Gegenseitigkeit und Liebe. Diese sieht sich deshalb von ihren Grenzen her ständig bedroht bzw. ahnt diese Bedrohung und verhält sich gegen sie latent gewalttätig; die Gewalttätigkeit kann offen ausbrechen und die Kraft der Nächstenliebe gegen die diese bedrohenden Grenzen kehren.

Die Kehrseite dieser Nächsten- und Bruderliebe ist deshalb nichts anderes als der Feindeshaß. So nennt denn der dem Gebot der Nächstenliebe parallelisierte zweite Imperativ die im ersten angesprochene Praxis beim Namen, enthüllt deren Wesen als Unwesen, ihre Wahrheit als Unwahrheit. Sie wird in einer Schärfe getroffen, die selbst Nietzsche nicht überbietet, der seinen Zarathustra sagen läßt: »Die Ferneren sind es, welche eure Liebe zum Nächsten bezahlen; und schon wenn ihr zu fünfen miteinander seid, muß immer ein sechster sterben.«[6]

Es ist deutlich: Der zweite Imperativ entspricht nicht dem Selbstverständnis derer, von deren Verhalten geredet wird. Indem er dem ersten scharf parallelisiert wird, wirkt er entlarvend: Die Grenze der Nächstenliebe wird so empfindlich klargemacht, daß die kraft Feindeshasses bestehende Brüderlichkeit in ihrem Selbstgefühl gekränkt und in ihrer ideologischen Rechtfertigung, in ihrer Berufung auf Gott, in Frage gestellt wird. Entspräche der zweite Imperativ aber dem Selbstverständnis der Angeredeten[7], dann wirkte die folgende Antithese nur umso schärfer.

Was sich uns mit dem Bedenken des Verses 43 sowie der Verse 46 und 47 eröffnet hat, ist das Feld der Psychoanalyse in deren wünschenswerter Verbindung mit einer »Phänomenologie des Geistes« als der Geschichte der Beziehungen gegenseitiger Anerkennung, wie sie sich im Bereich der Primärgruppen bis hin zu dem Bereich weltgesellschaftlicher und völkerrechtlicher Regelungen ausgebildet haben.

Jesu Wort wird von keinem ideologiekritischen Zugriff auf das Phänomen überboten, wohl aber in sich strukturiert und durch Einzelerkenntnisse bereichert. Seine ideologiekritische Spitze hat es, wobei freilich schon die Radikalität der folgenden Zumutung

---

6. *F. Nietzsche:* Werke II, hg. von K. Schlechta, S. 325.

7. Es gliche dann jenem Selbstverständnis, das sich z. B. in 1 QS I, 9–11 dokumentiert.

vorauswirkt, im Aufweis dessen, daß die Angeredeten sich für das Recht und die Notwendigkeit ihres partikularen Friedens auf die Instanz des Allgemeinsten berufen: auf Gott selbst.

Im selben Sinne beruft man sich in der Neuzeit auf das allgemein Menschliche, auf die Natur oder das Wesen des Menschen, auf das Naturrecht bzw. die Menschenrechte, kurz: auf die Vernunft.

Die Vernunft denkt das Allgemeine. Grenzen scheut sie nicht; sie denkt sie, wird denkend ihrer inne, denkt über sie hinaus, überwindet sie. Man versteht, weshalb Luther sie als »ein in gewisser Weise Göttliches« preisen konnte.[8] Und seit sie, wie bei Hegel geschehen, selbst den Karfreitag als das Negative und die »absolute Zerrissenheit«[9] in sich aufnahm, ist Luthers These von der Liebe Gottes, die ihr Liebenswertes nicht vorfindet, sondern schafft, vernünftig geworden – im Gedanken einer Liebe, die nicht dem Gleichen, sondern dem Fremden, ja dem Feind gilt, von ihm nicht absieht und flieht oder ihn tötet, sondern sich ihm zuwendet, »dem Negativen« – wie Hegel sagt[10] – »ins Angesicht schaut«, Grenzen mithin überwindet.

Diese vernünftig gewordene Feindesliebe ist aber bis jetzt noch nicht mehr als ein Gedanke. »Keiner (ist) zur Liebe schon fähig.«[11] Versucht man, ihren Gedanken, von Marx eindrücklich in der Idee einer klassenlosen Gesellschaft gedacht[12], in die Tat umzusetzen, dann stellt sich dabei nach den bisherigen Erfahrungen wiederum die von Jesus kritisierte Bruderliebe als Feindeshaß

8. Vgl. die Disputatio de homine (1536), die mit ihrer ersten These auf die philosophische Definition des Menschen als »animal rationale« eingeht und, darauf bezogen, als vierte These festhält: Et sane verum est, quod ratio omnium rerum res et caput et prae ceteris rebus huius vitae optimum et divinum quiddam sit (WA 39/I, 175,9f.).

9. Phänomenologie des Geistes, Vorrede, a. a. O. (Anm. 3), S. 30.

10. Ebd.

11. *Th. W. Adorno:* Negative Dialektik, 1966, S. 354 (»Nach Auschwitz«).

12. »An die Stelle der alten bürgerlichen Gesellschaft mit ihren Klassen und Klassengegensätzen tritt eine Assoziation, worin die freie Entwickelung eines jeden die Bedingung für die freie Entwicklung aller ist« (*K. Marx/F. Engels:* Manifest der kommunistischen Partei, in: *K. Marx:* Die Frühschriften, hg. von S. Landshut, 1968, S. 548).

ein. Es zeigt sich wieder jener Eros, der das Seine, jene Liebe, die das ihr Gleiche als das ihr Liebenswerte sucht[13] und sich ihrer Grenze faktisch und praktisch nun doch nicht bewußt ist oder, wenn sie es ist, sie zu rechtfertigen versteht.

2. Die Antithese

Jesus stellt sich dem Faktischen, d. h. der Art und Weise, in der von den Angeredeten die Lev 19,18 gebotene Nächstenliebe als Feindeshaß gelebt wurde, entgegen: »Ich aber sage euch: ›Liebet eure Feinde ...!‹« Damit geschieht zunächst eine konkrete Negation, in der sich die Antithese sehr bestimmt auf die These des Faktischen bezieht, wenn auch nicht – wie wir sehen werden – sich aus ihr erzeugt.

Der sprachlichen Form, dem Verbmodus, nach leistet Jesus seinen Widerstand mit einem Imperativ, einem Gebot. Dies ist als solches »an den Einzelnen im Verhältnisse zu den Einzelnen gerichtet und behauptet es als ein Verhältnis des Einzelnen zum Einzelnen«, wie Hegel sagt, um in polemischer Spitze gegen einen ethischen Subjektivismus hinzuzufügen: »oder als Verhältnis der Empfindung«[14], während das »verständige wesentliche Wohltun ... in seiner reichsten und wichtigsten Gestalt das verständige allgemeine Tun des Staates« ist[15]; das Gebot, das »nur beim *Sollen* stehen(bleibt)«, habe »keine *Wirklichkeit*«[16].

Ist dieses Gebot der Feindesliebe die Sollbestimmung eines, mit Dorothee Sölles Glaubensbekenntnis geredet, »›einzelnen, der nichts machen kann‹«[17]? Drückt es die autonome moralische Entschlossenheit und Empörung dessen aus, der sich gegen unvernünftiges Beharren im Partikularen zwar vernünftig für das

13. Vgl. o. bes. Anm. 2.

14. Phänomenologie des Geistes, Die gesetzgebende Vernunft, S. 304 (bei Hegel teilweise hervorgehoben).

15. Ebd.

16. A. a. O., S. 305. Vgl. die Vorrede zu den »Grundlinien der Philosophie des Rechts«.

17. »... ich glaube an jesus christus, der recht hatte als er – ›ein einzelner, der nichts machen kann‹ – genau wie wir an der veränderung aller zustände arbeitete und darüber zugrunde ging ...« (Text z. B. bei *K. Kupisch [Hg.]:* Quellen zur Geschichte des deutschen Protestantismus von 1945 bis zur Gegenwart II, 1971, S. 86).

Allgemeine einsetzt, darin aber unvernünftig ist, daß er für ein Allgemeines spricht, dem »keine *Wirklichkeit*« zukommt? Redet Jesus als Privatmann, als Individuum, als Moralist, wie er als neuzeitlich individualistischer »historischer Jesus« oft vorgestellt wird? So wäre es, wenn er in seiner Antithese mit dem Imperativ abbräche und außer diesem nichts zu sagen hätte.

Doch nimmt er für seine Zumutung den, wie der Text sagt, »himmlischen Vater« in Anspruch. Auf diesen »Vater« werden die Angesprochenen bezogen: »damit ihr Söhne werdet eures himmlischen Vaters«. Aus Teilhabern jener Welt, die als Bruderliebe durch Feindeshaß besteht, sollen sie zu »Söhnen des himmlischen Vaters« werden, d. h. zur nahen und Vertrauen schaffenden Herrschaft Gottes gehören.

Diese Formulierung des Ziels der Antithese nennt schon deren Grund, den »himmlischen Vater«, der in seiner grenzenlosen Güte mit dem folgenden Begründungssatz (V. 45b) gesagt wird.

3. Die Begründung der Antithese

Formal steht der Imperativ in der Antithese voran, deren Begründung in einem Indikativ folgt. Das ist kein Rückschluß etwa der Art, in der bei Kant vom »moralischen Gesetz in mir«, dem »kategorischen Imperativ«, auf die Freiheit, ihn zu erfüllen, geschlossen wird.[18] Für Kant ist das Gesetz Erkenntnisgrund der Freiheit und diese sein notwendig zu postulierender Seinsgrund. Doch ein Postulat, das dem Gesetz impliziert wäre, ist der »himmlische Vater« in seiner Vollkommenheit und der Freiheit zur Feindesliebe, die er gewährt, nicht.

Dann aber stellt sich die Frage, in welcher Weise er sich anders begreifen läßt. Dieser Frage, in der es um das umstrittene Problem der theologischen Begründung christlicher Ethik geht, muß unsere Hauptaufmerksamkeit gelten.

Wie gründet Jesu Imperativ in Gottes Sein? Dieses Sein ist ja

---

18. *I. Kant:* Kritik der praktischen Vernunft, 51–54 (PhB 38, S. 33–35, bes. S. 35: »Er urteilt also, daß er etwas kann, darum weil er sich bewußt ist, daß er es soll, und erkennt in sich die Freiheit, die ihm sonst ohne das moralische Gesetz unbekannt geblieben wäre.«) Vgl. ebd. Vorrede, PhB 38, S. 4 (Anm.).

kein Weltsein, nicht das, »was der Fall ist«[19]. Deshalb kann die-serGrund auch nicht so ausgesagt werden, daß man seine Wahrheit in der Übereinstimmung von Aussage und Ausgesagtem feststellen, theoretisch erkennen könnte. Das den Imperativ begründende Sein ist jedoch auch nicht das Sein einer Idee, die durch unseren Einsatz erst zu verwirklichen wäre[20] – etwa in dem Sinne, in dem z. B. Sölle davon spricht, daß »Gott« auf uns angewiesen sei, damit er zu seiner Identität (erst) komme[21].

Der ersten dieser beiden Thesen scheint jedoch zu widersprechen, daß im Matthäustext die Rede vom »himmlischen Vater«, auf den Jesus sich zur Begründung seiner Zumutung beruft, in zwei *Aussagen* besteht. So hat es den Anschein, als entberge sich der Grund im apophantischen Logos. Es wird sich aber zeigen, daß wir diesen Grund nicht mittels der aristotelischen Aussagelogik bedenken können.

Es kommt für ein angemessenes Verständnis der Rede vom »himmlischen Vater« alles darauf an zu erkennen, daß die beiden Aussagen (»Er läßt seine Sonne aufgehen ...« und »Er ist vollkommen«) nur im Zusammenhang des ganzen Textes den von Jesus in Anspruch genommenen »himmlischen Vater« sagen. Für sich genommen ist z. B. der zweite Satz genauso auch ein Satz etwa der aristotelischen Gotteslehre[22]. Wir haben die Sätze daher im Zusammenhang der Sprachbewegung des Textes, mithin seiner Performanz – dessen, was in ihm geschieht –, zu bedenken[23].

19. »Die Welt ist alles, was der Fall ist« (*L. Wittgenstein:* 1. These des »Tractatus logico-philosophicus«).

20. Vgl. *Kants* Rede vom »höchsten Gut«, das »durch Freiheit des Willens hervorzubringen« sei, Kritik der praktischen Vernunft, 203 (PhB 38, S. 130).

21. *D. Sölle:* Stellvertretung. Ein Kapitel Theologie nach dem »Tode Gottes«, 1965, S. 204: »Seit Christus ist Gott angewiesen auf uns.« Ebd. heißt es, daß die Hoffnung des christlichen Glaubens »darauf geht, daß Gott zu seiner Identität komme«. Vgl. S. 150 (»Gott, der identisch wird mit sich selber in der Welt«) und S. 172f.

22. Vgl. Metaphysik XII; 1072b 15, 1072b 35, 1073a 1. Auf Stellen anderer Autoren weist *W. Bauer* in seinem Wörterbuch hin, Art. τέλειος.

23. In der folgenden, erstmals am 12. 2. 1973 der Bahnauer Bruderschaft in Unterweissach vorgetragenen Analyse sind Anregungen verarbeitet, die der Verf. dem Vortrag über »Stellung und Funktion der Meta-

Jesu Rede spannt in dem, was sie geschehen läßt, zwei Erfahrungen zusammen, die die Angeredeten sonst nirgends zusammengespannt finden:

erstens die jedem zugängliche menschliche Erfahrung der Bruderliebe als Feindeshaß, also der Grenzen im Sozialen, und

zweitens die jedem zugängliche Naturerfahrung, daß die Sonne über alle Menschen gleich aufgeht und über alle der Regen gleich fällt.

Erst in einer bestimmten wechselseitigen sprachlichen Verschränkung der Erfahrung der Grenzen im Sozialen mit der einer Grenzenlosigkeit im Natürlichen ergibt sich die Überraschung des in seiner grenzenlosen Liebe vollkommenen »himmlischen Vaters« und zugleich die Erkenntnis der Lieblosigkeit der Angeredeten.

Die sprachliche Verschränkung setzt zunächst überhaupt erst einen *Unterschied* zwischen die beiden vorher beziehungslosen Erfahrungen. Der Unterschied befremdet – so daß angesichts der Erfahrung der Beschränktheit im Sozialen die Erfahrung der Unbeschränktheit in der Natur ihre Selbstverständlichkeit verliert. Mit der Einbuße dieser Selbstverständlichkeit und dem aufkommenden Dank wird es notwendig, zwischen der aufgehenden Sonne und einem, der sie aufgehen läßt, einen Unterschied anzuerkennen: den Unterschied zwischen der Schöpfung und dem Schöpfer, dem »himmlischen Vater«.

Was dieser »Vater« ist und tut, das ergibt sich also gerade *nicht* aus einem bestimmten Naturphänomen (dem, daß die Sonne über alle gleich scheint) – geschweige denn aus der vielstimmigen Natur überhaupt. Der »Vater« wird nicht aus der Natur erschlossen und von ihr ausgesagt. Nicht in der Natur stellt er sich vor, erst recht nicht im mitmenschlichen Verhalten, sondern allein in Jesu *Kontrastvergleich* jenes vertrauten Naturphänomens mit diesem vertrauten Sozialverhalten. Auf diesen zunächst befremdlichen Vergleich von Ungleichem, ja zuvor Beziehungslosem, das je für sich aber vertraut ist, kommt es an. In diesem Vergleich und der mit ihm identischen Performanz bekundet sich Jesu besondere Kompetenz, seine Vollmacht.

pher in der biblischen Sprache« verdankt, den *P. Ricoeur* am 17. 1. 1973 in Tübingen hielt. Er ist inzwischen veröffentlicht in: *P. Ricoeur und E. Jüngel:* Metapher. Zur Hermeneutik religiöser Sprache, 1974, S. 45–70.

Mit dem Hinweis auf das Vertraute werden die Angeredeten ernstgenommen. Es wird ihnen ein Zugang eröffnet zu dem, auf den sich Jesus für seine Zumutung beruft. Sie können mitgehen, verstehen, da ihnen sowohl die eine wie die andere Erfahrung vertraut ist. Sie werden nicht von einem unverständlich Befremdlichen überfallen, kurzerhand erschlagen von einem »ganz Anderen«, das senkrecht von oben käme. Vielmehr ist der Blitz, der das Andere, der den »himmlischen Vater« neu unter die Angeredeten bringt, *vermittelt*. Er ist jedoch nur in der Art vermittelt, daß er sich allein durch den Sprecher und dessen Kompetenz vermittelt, der Gewohntes in überraschender Weise so zusammenbringt, daß etwas Ungewohntes dabei herausspringt.

Was dabei herausspringt, ist mächtig, die Angeredeten zu verändern. Sie verstehen nicht, ohne sich dabei zugleich zu verändern. Denn in diesem Kontrastvergleich wird die Welt so neu interpretiert, daß sie sich dabei verändert[24].

Sie wird in den Angeredeten zunächst überführt. Deren Zustimmung und eigene Einsicht in die beiden ins Spiel gebrachten Erfahrungen kehrt sich gegen sie selbst. Darin wird das ihnen jeweils Vertraute durch die bestimmte Kombination ein Novum – befremdlich, aber doch zugleich verständlich: Sie werden ihrer bösen Beschränkung, ihrer Borniertheit konkret überführt. Dabei bleiben sie nicht das, was sie sind. Und wenn sie es bleiben, bleiben sie es nicht naiv. Sie kennen nun ihr menschliches Wesen, besser: ihr Unwesen, nur das Liebenswerte zu lieben und sich nur zum Gleichen zu gesellen.

Sie erkennen dieses Unwesen in dem Unterschied, der sich mittels Jesu Rede auftut zwischen ihnen und dem, der durch den beschriebenen Kontrastvergleich aufblitzt, sich vorstellt, bekannt und verständlich wird. Denn dieser »himmlische Vater« ist *anders*. Im Unterschied zu unserer beschränkten Liebe ist seine Liebe unbeschränkt: Sie gilt auch den Bösen und Ungerechten, seinen Feinden.

24. Die von Marx in seiner 11. These über Feuerbach formulierte Alternative (»Die Philosophen haben die Welt nur verschieden *interpretiert*; es kömmt darauf an, sie zu *verändern*«; Die Frühschriften, S. 341) kann die einem Text wie Mt 5,43–48 folgende Theologie also nicht gelten lassen.

Wir sehen: Fragen wir danach, wie hier von Gott geredet wird, genauer: wie Gott zu Wort kommt, dann zeigt sich, daß dies nicht auf dem Wege einer Suche nach dem Grund menschlicher Wirklichkeit geschieht, weder auf dem Wege der *Entschränkung* jener Nächstenliebe noch auf dem Wege der *Verneinung* unserer Unvollkommenheit[25]. Nicht durch eine Verneinung unseres Feindeshasses wird Gottes Feindesliebe gefunden. Umgekehrt: Im Vergleich mit Gottes Vollkommenheit und Menschenfreundlichkeit, in der er selbst seine Feinde liebt, wird klar, wer *wir* sind bzw. was wir *nicht* sind. So wird hier nicht mittels einer Verneinung Gott definiert, sondern Gott, durch Jesu Rede vermittelt, definiert im Kontrast zu seinem Verhalten die Angeredeten in ihrem Unwesen, in ihrer Sünde.

Jesus gibt den »himmlischen Vater« mithin auf dem Weg einer bestimmten *Disproportionalität* zu erkennen[26]. Nicht Gleiches wird durch Gleiches erkannt. Sondern: Sehr Ungleiches wird erst in ein Verhältnis zueinander gebracht. Das ist die Sprachbewegung, die in diesem Text geschieht.

Diese Sprachbewegung gestaltet sich in zwei Momenten: Indem – erstens – Ungleiches in ein Verhältnis zueinander gebracht wird, ist die als Verhältnislosigkeit unbewußte Disproportion in einer bestimmten Weise schon überwunden. Die Überwindung geschieht, wie wir sahen, zunächst darin, daß ein Unterschied und in ihm ein Mißverhältnis zu erkennen gegeben wird: die Sünde.

Daß die Angeredeten sich in ihrem Mißverhältnis zum »himmlischen Vater« erkennen, ist aber nicht das Ziel der Rede Jesu. Er

25. In dieser Charakterisierung der negierten klassischen drei Wege, von Gott zu reden, ist *Schleiermachers* spezifische Unterordnung der miteinander konvergierenden via eminentiae und via negationis unter die via causalitatis, wobei die beiden ersten die letztere präzisieren, aufgenommen (vgl. Der christliche Glaube § 50; hg. von *M. Redeker,* 1960, I, S. 259 f.).

26. Damit ist in der Verhandlung des für die Theologie fundamentalen Analogieproblems, das vor allem Gottes *Sagbarkeit* betrifft, eine bestimmte Stellung bezogen: Sowohl die analogia proportionalitatis wie die analogia attributionis sind vermieden. Der eingeführte Begriff einer via disproportionalitatis ist polemisch auf den Begriff der Proportionalitätsanalogie bezogen, insofern von dieser erst *nach* der via disproportionalitatis geredet werden kann.

will sie vielmehr – das ist das zweite Moment der Sprachbewegung – durch die Erkenntnis des *Miß*verhältnisses hindurch in ein Verhältnis der *Entsprechung* bringen: »damit ihr Söhne eures himmlischen Vaters werdet« – »vollkommen, wie euer himmlischer Vater vollkommen ist«.

Wohlgemerkt: Sie tragen nicht, als Anlage, die Möglichkeit solcher Entsprechung in sich. Deshalb werden sie nicht auf diese Möglichkeit *an*gesprochen – in einem Appell, sie zu entwickeln und zu verwirklichen. Vielmehr wird ihnen der vollkommene himmlische Vater *zu*gesprochen und seine Vollkommenheit, in der er selbst seine Feinde liebt, mitgeteilt.

Achten wir nun des näheren auf diese Mitteilung! Beginnt mit ihr, im Sinne von Blochs »Atheismus im Christentum«[27], die Verheißung der Schlange: »Ihr werdet sein wie Gott!« sich zu erfüllen? Ist damit ein Gott Gleichwerden, eine Vergottung des Menschen gemeint – so daß über jede Entsprechung hinaus sich eine Identität des Seins Gottes und der angeredeten Menschen herstellt? Wir begegnen mithin in unserem systematischen Versuch als »konsequenter Exegese«[28] einem Hauptmoment der sich auf die Religions- und Rechtsphilosophie Hegels berufenden Religionskritik Feuerbachs und Marx', der es in ihrer, mit Feuerbach geredet, »Auflösung und Verwandlung der Theologie in die Anthropologie« um die Aneignung und Verwirklichung der Gottesprädikate durch die Menschheit geht – um die Auflösung und Verwandlung der Vorstellung der Vollkommenheit des »himmlischen Vaters« in die Vollkommenheit seiner irdischen Söhne, mit der, jedenfalls nach Marx, die Arbeit für die Verwirklichung der Zumutung der Feindesliebe in einer klassenlosen Gesellschaft an ihr Ziel gekommen sein wird.

Wir müssen uns von unserem Text her dieser Argumentation stellen, weil sie sein entscheidendstes Moment aufgenommen zu haben beansprucht, nämlich: daß der »himmlische Vater« sein Vollkommensein nicht für sich behalten, sondern uns Menschen

---

27. *E. Bloch:* Atheismus im Christentum. Zur Religion des Exodus und des Reichs (Gesamtausgabe XIV), 1968, S. 110, 116f., 194–201 (bes. 195), 231–237 (bes. 232f.), sachlich auch 351. Vgl. Das Prinzip Hoffnung (Gesamtausgabe V), 1959, S. 1495–1500.

28. Diese prägnante Formulierung verdanke ich E. Jüngel.

mitteilen will. Er ist ja nicht der Gott der Metaphysik des Aristoteles, der in seiner Vollkommenheit und Zielstrebigkeit nur sich selber schaut, sich nicht mitteilt und hingibt, nicht liebt und deshalb auch nicht leidet. Wäre Gott so, sagt Luther, würde er nur sich selbst schauen und nicht außerhalb seiner das Elend der Welt, dann wäre er ganz elendes Sein, ens miserrimum. Was für Aristoteles der Inbegriff der Vollkommenheit Gottes ist, ist für Luther, wie er ausdrücklich sagt, heimliche Gottesleugnung: In Wahrheit ist das angebliche ens perfectissimum ens miserrimum[29].

In solcher Kritik eines metaphysischen Gottesbegriffs stimmt christliche Theologie mit Feuerbachs These überein, daß ein »Gott an sich eigentlich nichts ist ... als metaphysisches Wesen, d. h. als reines, affektloses Gedankenwesen«[30]. Feuerbach beruft sich dafür auf Luther, von dem er sagt, er sei »ein Feind der Metaphysik, ein Feind der Abstraktion, ein Feind der Affektlosigkeit«[31], und belegt dies mit folgendem Lutherwort: »Gott haßt und verachtet die harte Apathie.«[32]

Apathés, ohne Leidenschaft und Leiden, ist Gott deshalb nicht, weil er sich seine Gemeinschaft mit den Menschen »sein Bestes«, wie das Kirchenlied sagt, »kosten« läßt[33]. Er scheut auch den Widerstand seiner Feinde nicht, liebt sie und erleidet dabei den Tod. Denn er identifiziert sich mit Jesus, der ihn für seine Zumutung

29. WA Tischreden, 1,57: Primum ens videt se ipsum. Si extra se videret, videret mundi molestias. In eo loco tacite negat [Aristoteles] Deum (Nr. 135). Ego contrarium dico: Si deus se solum intuetur, est miserrimum ens (Nr. 155; 1,73). Luther bezieht sich auf Buch XII der Metaphysik (vgl. die Belegstellen o. Anm. 22).

30. *L. Feuerbach:* Das Wesen des Glaubens im Sinne Luthers. Ein Beitrag zum »Wesen des Christentums«, 1844, Neudruck 1970, S. 56 f.

31. A. a. O., S. 57; vgl. *O. Bayer:* Gegen Gott für den Menschen. Zu Feuerbachs Lutherrezeption), in: ZThK 69 (1972), S. 34–71, hier: S. 44 f.; vgl. S. 53–60.

32. A. a. O., S. 57. Das von Feuerbach, nach der Leipziger Lutherausgabe (III, 266), zitierte Wort (WA 44, 533,16: Deus detestatur ἀπάθειαν) richtet sich seinem Zusammenhang nach polemisch gegen eine stoische Haltung, hat zunächst also einen anthropologischen Sinn und ist nur indirekt ein Satz der Gotteslehre.

33. EKG 239,4.

der Feindesliebe und für sein dieser entsprechendes Tun in Anspruch nimmt und dabei den mächtigen Widerstand jener Nächstenliebe zu spüren bekommt, die er mit seiner Antithese stört. Doch Gott bleibt auch dieses Widerstandes und dessen, menschlich gesehen, letzter Besiegelung in Jesu Hinrichtung Herr und hält seinen Gemeinschaftswillen durch. In diesem Sinn ist er vollkommen.

»Gott ist«, sagt Feuerbach[34], »wesentlich ein kommunistisches, kein aristokratisches Wesen« – und im Blick auf den bis heute wirksamen aristotelischen Gottesbegriff muß man hinzusetzen: auch kein monarchisches Wesen[35]; »er teilt alles, was er ist und hat, mit dem Menschen; alle seine Eigenschaften werden Eigenschaften des Menschen«. Bis hierher liest sich Feuerbach als gewissenhafter Ausleger unseres Textes. Im unmittelbaren Fortgang aber spricht der atheistische Humanist: Daß alle Eigenschaften Gottes Eigenschaften des Menschen werden, geschehe »mit vollem Rechte; sie sind ja aus dem Menschen entstanden; sie sind vom Menschen abgezogen, sie werden am Ende den Menschen wieder zurückgegeben«, damit – so müßte man im Sinne Feuerbachs zugespitzt formulieren – der Mensch (samt der ihn tragenden Natur) sei alles in allem (gegen 1 Kor 15,28).

34. Das hier und im folgenden aus den »Vorlesungen über das Wesen der Religion« Zitierte lautet im Zusammenhang: »Gott ist wesentlich ein Ideal, ein Urbild des Menschen; aber das Urbild des Menschen ist *nicht für sich*, sondern *für den Menschen* da; seine Bedeutung, sein Sinn, sein Zweck ist ja nur der, daß der Mensch werde, was das Urbild vorstellt; das Urbild ist nur das personifizierte, als ein eigenes Wesen vorgestellte zukünftige Wesen des Menschen. Ein Gott ist daher wesentlich ein kommunistisches, kein aristokratisches Wesen; er teilt Alles, was er ist und hat, mit dem Menschen; alle seine Eigenschaften werden Eigenschaften des Menschen; und zwar mit vollem Rechte; sie sind ja aus dem Menschen entstanden; sie sind vom Menschen abgezogen, sie werden am Ende den Menschen wieder zurückgegeben. ›Gott ist selig‹, sagt z. B. *Luther*, ›aber er will nicht für sich allein selig sein‹« (*Feuerbach*: Sämtliche Werke VIII, hg. von *W. Bolin und F. Jodl*, S. 340).

35. Vgl. den Schluß von Metaphysik XII (1076 a 3 f.): τὰ δὲ ὄντα οὐ βούλεται πολιτεύεσθαι κακῶς. »οὐκ ἀγαθὸν πολυκοιρανίη. εἷς κοίρανος ἔστω.« (Das Seiende will sich nicht schlecht regieren: ›Vielherrschaft ist nicht gut; nur einer sei Herrscher‹; zitiert ist dabei die Ilias 2,204).

Doch wenn sich Gott auf den Menschen bezieht und mit ihm Gemeinschaft haben und halten will, kann dieser Bezug nur dann eine Begründung Gottes im Menschen, wie Feuerbach meint, sein, wenn der auch logisch nicht zwingenden Rückführung und Umwandlung des Bezugs in eine Begründung die Annahme einer ontologischen Identität von Gott und Mensch vorausgesetzt ist, wobei das Innewerden einer Differenz zwischen Gott und Mensch notwendig als Entfremdung des Menschen von sich selbst erscheint. Unter der Voraussetzung einer ontologischen Identität hebt sich die Differenz zwischen Gott und Mensch in der Erinnerung der vergessenen und so verlorenen Identität auf, die zugleich als Idee erscheinen kann, die in gesellschaftlicher Praxis zu verwirklichen ist.

Das Besondere unseres Textes in seiner Sprachbewegung ist erst dann erfaßt, wenn man diese nicht in den Gedanken aufhebt, um solcher Theorie dann die Praxis der Verwirklichung des Gedankens zuzuordnen. Erst wenn eine Mitte zwischen Theorie und Praxis, genauer: das, was beidem vorausliegt, wahrgenommen ist, läßt man den Text in seiner Sprachbewegung gelten. Ich rede damit keiner existentialen Interpretation des Textes das Wort[36], sondern – wie dieser ganze systematische Versuch dartun soll – einer Auslegung, die vor allem die Performanz des Textes und die in dieser sich bekundende Kompetenz bedenkt und seine Analyse in der Absicht betreibt, der Verkündigung zu helfen, ihn in seiner Sprachbewegung zu wiederholen.

Dazu, daß diese Sprachbewegung weder auf Psychisches oder Existentiales reduziert, noch in einer gesellschaftlich-praktischen Verwirklichung aufgelöst oder von ihr gar abgelöst werden kann, gehört konstitutiv, daß ihre Performanz die eines bestimmten Sprechers ist und ohne dessen *Kompetenz* zerfällt. Das ist nun, wenn auch in Kürze, nochmals[37] besonders hervorzuheben.

Vollmächtiges Reden impliziert Vollmacht. Jesus vertritt in seiner Rede uns vor Gott und Gott bei uns. Er ist in seinem Wort der Mittler zwischen denen, die in ihrer bornierten Liebe Feinde Got-

36. Zu der mit der existentialen Interpretation praktizierten »Hermeneutik des Rückgangs« vgl. *O. Bayer:* Was ist das: Theologie?, bes. S. 19–23, 33–39 (vor allem Anm. 24) und Kap. 3.
37. Vgl. o. den Abschnitt, zu dem Anm. 33 gehört.

tes sind, und dem »himmlischen Vater«, damit sie das, was sie nicht sind, werden: dessen Söhne, die an seiner Vollkommenheit teilhaben und deshalb ihre Feinde lieben können.

Er ist dieser Mittler aber nicht nur in seinem Wort, sondern zugleich in seinem Verhalten, das mit seinem Wort übereinstimmt. Er ist es, entscheidend, in seinem Tod und seiner Auferweckung, die sein Wort und Verhalten zu dem machen, was es ist. In dieser Kompetenz des Mittlers unterscheidet sich seine Rede und ihre Performanz etwa von der Senecas in De beneficiis[38]; sie hat kraft *dieser* Kompetenz eine *andere* Performanz.

III.

Abschließend soll die Auslegung in ihren wichtigsten Punkten zusammengefaßt (1) und die aus ihr sich ergebende *Verhältnisbestimmung von Gotteslehre und Ethik* in verallgemeinernden Thesen festgehalten werden (2).

1. Die Sprache der Liebe Gottes, die ihr Liebenswertes nicht vorfindet, sondern schafft, spricht nicht ein Vermögen zu verstehen und zu handeln an. Vielmehr schafft sie erst die Situation, in der sie verstanden werden kann. Aus einer ideologischen Berufung auf Gott bzw. einer Beziehungslosigkeit zu ihm erkennt sich der Angeredete mittels Jesu Rede in einem Mißverhältnis zu Gott, verändert sich dadurch, verliert die Naivität in der Sünde, sieht sich aber ebenso unerwartet in einem Entsprechungsverhältnis, das ihm zugemutet und in dem zu sein er ermächtigt wird. Die Situation der Angeredeten verändert sich im Verlaufe der Sprachbewegung. Entscheidend ist deren Zusammenhang, der von einem bestimmten Sprecher hergestellt ist und abgelöst von ihm, seiner Kompetenz bzw. Vollmacht, nicht ist. Deshalb gehört der Sohn und seine Geschichte in das Evangelium vom »himmlischen Vater« konstitutiv hinein.

Vom »himmlischen Vater« wird also so geredet, daß er in seiner Vollkommenheit und Feindesliebe als Novum sich ereignet –

---

38. «Si deos« inquit »imitaris, da et ingratis beneficia; nam et sceleratis sol oritur, et piratis patent maria« (IV, XXVI.1).

befremdlich und doch verständlich; die Vertrautheit, in der er »Vater« genannt werden kann, stellt sich erst her.

Jedenfalls werden die Angeredeten nicht auf einen ihnen von vornherein und schon immer plausiblen Gott hin angesprochen. Vielmehr wird er ihnen konkret zugesprochen. Dabei gibt er sich nicht als isoliertes Gegenüber zu erkennen, als das er dem Menschen feststünde. Vielmehr ist er in Bewegung, teilt sich mit, nimmt den Angeredeten auf in ein Verhältnis, in dem dieser ihm entsprechen darf und kann.

Aber dieses Verhältnis läßt sich nicht von der bestimmten sprachlich verfaßten Bewegung ablösen, in der es geschaffen wurde und erneuert wird. Auch der veränderte Mensch bleibt auf das Wort und seinen Sprecher angewiesen und erfährt im Christus-Wort die sprachlich-sinnliche Widerständigkeit Gottes, in der dieser sich dagegen sperrt, in Feuerbachscher Weise sich reibungslos als Ausdruck meines Menschseins in mich zurücknehmen zu lassen.

2. Christliche Gotteslehre und christliche Ethik sind allein durch die Performanz eines Textes kraft deren Kompetenz miteinander verbunden; sonst zerfallen sie in eine Theorie angeblicher Theorie und eine Theorie der Praxis jener angeblichen Theorie.

Die unauflösliche Verschränkung des Problems der Bedeutung des allgemeinen gesellschaftlichen Verhaltens für die Grundlegung der Dogmatik mit dem Problem der Bedeutung der Dogmatik für die Grundlegung ethischer Praxis ist nicht die von Theorie und Praxis. Das, was Theologie bedenkt, sprengt den Gebrauch des Theorie-Praxis-Schemas und fordert, was auch für die allgemeine Wissenschaftstheorie Bedeutung gewinnen könnte, die Ausbildung eines Dreierschemas, das freilich nicht das Schleiermachersche Dreierschema von Wissen/Tun und Gefühl (bzw. Emotionalität) sein kann, wenngleich es auch den damit angesprochenen drei Bereichen gerecht werden muß.

Vor der ethischen Praxis bedenkt die Theologie eine Sprachbewegung; Theologie ist primär Sprachwissenschaft. Sie hat es mit Texten zu tun, nach deren Performanz kraft ihrer christologischen Kompetenz ein Verstehen in keinem Fall ohne Veränderung ist, Veränderung aber nicht ohne Verstehen geschieht.

4.
Die Gegenwart der Güte Gottes

Zum Problem des Verhältnisses von Gottesfrage
und Ethik*

I.

Jesu Wort »Keiner ist gut, außer einem: Gott« (Mk 10,18) klingt
schroff. Wird hier nicht dem Menschen jede Güte abgesprochen
und allein Gott zugesprochen? Widerspricht es damit nicht dem
sonst von Jesus erzählten Willen und Werk Gottes, seine Güte
und Vollkommenheit nicht für sich zu behalten, sondern sie uns
mitzuteilen?

Doch ist damit nur in besonderer Zuspitzung betont, daß Gott
allein ihr Ursprung und Bürge ist und wir, ihrer nicht selbst mächtig, darauf angewiesen bleiben, daß sie uns mitgeteilt wird.

Aber begegnet sie uns wirklich? Wie erfahren wir sie? Können
wir in Gottes Urteil über seine »sehr gute« Schöpfung (Gen 1,31)
einstimmen und uns dem Staunen und Lob derer anschließen, die
neu Schöpfung erfahren haben: »Er hat alles gut gemacht; die
Tauben macht er hören und Sprachlose reden!« (Mk 7,37)? Kennen wir statt eines solchen Lobes nicht eher die Klage über taube
Ohren, stummen Mund, schreiendes Unrecht, unschuldiges Leiden, über Hungern und Sterben und im Blick auf solche Welterfahrung die Klage über Gottes Ohnmacht oder gar Willkür, mindestens aber über die Verborgenheit seiner Güte und Gerechtigkeit?

Aus unserer Welterfahrung können wir Gottes Güte nicht erschließen, geschweige denn ihrer gewiß werden. Bleibt uns dann
etwas anderes, als sie gegen diese Welterfahrung zu postulieren?
Sie gegen alle Wahrscheinlichkeit zu hoffen? Aber welchen

* Erstmals veröffentlicht in: NZSyThuRPh 21 (1979), S. 253–271,
Friedrich Lang zum 65. Geburtstag am 6. September 1978 gewidmet.

Grund haben wir dazu? Ist dieser Grund mehr als eine aus der Verzweiflung geborene Fiktion, mit der wir uns über Wasser zu halten versuchen? Die Fiktion eines »als ob« – »sich der Bedingtheit und Unzulänglichkeit des eigenen Tuns und der Ungewißheit des Erfolges bewußt sein und dennoch so handeln, als ob eines Tages eine bessere Menschheit Wirklichkeit würde«?[1]

Will die Klage nicht in einer nichts mehr bewegenden dogmatistischen Skepsis versanden oder in bedrückender Resignation verstummen, um so die Mächte der Zeit als Verhängnis walten zu lassen, dann bleibt ihr offenbar nur noch die Fiktion eines solchen »als ob«, in welcher der Protest gegen den faktischen Lauf der Welt sich zugleich als Sehnsucht nach einer besseren Welt ausdrückt.

Redet man im Zusammenhang solcher Fiktion von der Güte Gottes, dann ist sie ferne, nicht nahe, ersehnte, nicht erfahrene Güte. Sie ist im buchstäblichen Sinn utopisch, hat keinen Ort innerhalb der Welterfahrung, begegnet nicht positiv, sondern nur am Negativen, das nach ihr gleichsam schreit und sie zu fordern scheint. Sie ist mithin nur als versagte und zugleich geforderte gegenwärtig.

II.

Die angesprochene Fiktion gründet in einem ähnlichen Interesse wie Immanuel Kants Postulat des Daseins Gottes. Von einem Wahngebilde unterscheidet sich nach Kant der postulierte Gedanke dadurch, daß er sich notwendig aus dem Grund des moralischen Willens ergibt. Was ich in praktischer Absicht zu denken genötigt werde, kann kein Hirngespinst sein!

Der Grund des moralischen Handelns ist der vom moralischen Gesetz, dem kategorischen Imperativ, bestimmte Wille, in dem »das höchste und unbedingte Gute allein angetroffen werden kann« und »gegenwärtig ist«.[2] »Es ist überall nichts in der Welt, ja

1. *W. Schulz:* Philosophie in der veränderten Welt, 2. Aufl. 1974, S. 854. Diesem Satz kommt als letztem Satz des Werkes ein besonderes Gewicht zu.

2. Grundlegung zur Metaphysik der Sitten, in: Kant's ges. Schriften,

überhaupt auch außer derselben zu denken möglich, was ohne Einschränkung für gut könnte gehalten werden, als allein ein *guter Wille*.«[3] Der gute Wille nimmt gleichsam die Stelle des anselmischen Gottesbegriffs ein; er ist id quo melius cogitari non potest: das, im Vergleich zu dem Besseres nicht gedacht werden kann.

Dieser Ansatz der Ethik steht in klarem Widerspruch zu dem eingangs zitierten Jesuswort. Er ist atheistisch, insofern der gute Wille sich in sich selber begründet sieht. Der gute Wille begründet sich zwar nicht durch sich selbst, da er den ihn bestimmenden absoluten Imperativ nicht selbst schafft, sondern als »Factum«[4] der reinen Vernunft in sich immer schon vorfindet. Aber dieses Faktum ist erklärtermaßen nicht von Gott gesetzt, wenngleich in der »Bewunderung und Ehrfurcht«, mit der es das Gemüt erfüllt[5], sich vom Staunen des Geschöpfes über den Schöpfer eine deutliche Spur erhalten hat. Nicht von Gott ist das Gesetz, damit es nicht um Gottes willen, sondern allein um seiner selbst willen erfüllt wird. Ist es nämlich des Menschen ureigenes Gesetz, dann kann ihm keiner entrinnen. Nur durch einen atheistischen Ansatz der Ethik meint Kant – wie in unserem Jahrhundert Nicolai Hartmann[6] und Jean-Paul Sartre[7] – die Selbsttäterschaft des Menschen, seine Unentschuldbarkeit und Verantwortlichkeit festhalten zu können sowie zugleich, Ausdruck tiefster und höchster Humanität, des Menschen Selbstzwecklichkeit[8]. Nach Kants Urteil

hg. von der Königlich Preußischen Akademie der Wissenschaften. Erste Abt. (Werke), Bd. IV, 1911 (385–463), S. 401.

3. A. a. O., erster Satz, S. 393.

4. Kr. d. pr. V., Ges. Schriften (Anm. 2), Bd. V, 1913, (1–163), S. 31 (55f. Die Seitenzahl in Klammern bezieht sich hier wie im folgenden auf die Originalausgabe von 1787). Vgl. a. a. O., S. 55 (96).

5. A. a. O., S. 161 (288); »Beschluß«.

6. *N. Hartmann:* Ethik, 1926, bes. S. 728–746 (Anhang zur Freiheitslehre).

7. Programmatisch: L'Existencialisme est un Humanisme, 1. Aufl. 1946.

8. Vgl. bes. die dritte Formulierung des kategorischen Imperativs: »Handle so, daß du die Menschheit, sowohl in deiner Person als in der Person eines jeden anderen, jederzeit zugleich als Zweck, niemals bloß als Mittel brauchst« (Grundlegung zur Metaphysik der Sitten, S. 429).

würde der Mensch zum Mittel der Gesetzeserfüllung erniedrigt, wenn das Gesetz von Gott gegeben wäre und um Gottes willen erfüllt würde.[9] Nur dann, wenn das moralische Gesetz aus sich selbst evident ist, sind für Kant seine unbedingte Geltung sowie seine Humanität gewahrt; ein hypothetischer Imperativ – und wäre es ein Satz wie Mt 19,17: »Willst du zum Leben eingehen, so halte die Gebote!« – ist als unsittlich abzuweisen.

Aus demselben Grund, aus dem Kant einen atheistischen Ansatz für zwingend hält, mithin in der Absicht, die Unbedingtheit der ethischen Forderung sicherzustellen, besteht er auf deren rein rationaler Güte und zugleich auf der rein rationalen Güte des durch sie bestimmten Willens. Diese Reinheit ist wesentlich Reinheit von allem Empirischen, die durch »reine« »*Scheidung* des Empirischen vom Rationalen«[10] erreicht wird[11]. Die Vereinigung von Empirischem und Rationalem ist allein das Ziel des guten Willens, nicht aber schon sein Grund. Der gute Wille soll im Empirischen wirken, um »das höchste Gut durch Freiheit des Willens hervorzubringen«[12]; er selbst aber ist von allem Empirischen, von Natur und Geschichte, Tradition und Sprache rein.

Diese beiden Abstraktionen, die Abstraktion von Gott sowie die Abstraktion von allem Empirischen, sind ineinander verschränkt und konvergieren[13]. An ihnen hat mit der unbedingten

9. Vgl. bes. Kr. d. pr. V., S. 131 f. (237).

10. Kr. d. pr. V., S. 163 (291).

11. Die »Achtung fürs Gesetz« sucht Kant sorgsam aus allem Empirischen herauszuhalten. Wenn sie »ein Gefühl ist, so ist es doch kein durch Einfluß *empfangenes*, sondern durch einen Vernunftbegriff *selbstgewirktes* Gefühl« (Grundlegung zur Metaphysik der Sitten, S. 401 Anm.).

12. Kr. d. pr. V., S. 113 (203); bei Kant gesperrt. Parallel dazu spricht Kant von »dem höchsten für uns praktischen, d. i. durch unsern Willen wirklich zu machenden, Gute«; ebd., S. 113 (204).

13. Erkannt und scharf kritisiert hat diese beiden Abstraktionen und ihre Konvergenz *J. G. Hamann*, indem er über die »Grundlegung zur Metaphysik der Sitten« im Vergleich mit der »Kritik der reinen Vernunft« folgendermaßen urteilt: »Statt der reinen Vernunft ist hier von einem andern Hirngespinst und Idol die Rede, dem guten Willen« (Briefwechsel, hg. v. *W. Ziesemer* und *A. Henkel*, bisher 7 Bde., 1955–1979, Bd. V, S. 418, 21 f.; an Herder am 14. 4. 1785). Vgl. V, S. 434, 24–26: »Reine Vernunft und guter Wille sind noch immer Wörter für mich, deren Begriff ich mit

Forderung, dem Gesetz, auch die durch dieses erkannte Freiheit teil. Mit dem Gesetz wird auch die Freiheit nicht als von Gott in sinnlichem Zuspruch gewährt wahrgenommen, sondern rein als Postulat der Vernunft in einem inneren Verhältnis zu sich selbst gedacht.

Aus seiner atheistischen Grundlegung heraus postuliert Kant, um den Gegenstand des guten Willens, das Höchste Gut, konsequent denken zu können, die Unsterblichkeit der Seele und das Dasein Gottes. Der Gedanke des Daseins Gottes löst die zwischen Glückswürdigkeit und Glückseligkeit klaffende »Antinomie der praktischen Vernunft«[14]. »Gott« ist in diesem Zusammenhang nicht dem Menschen frei begegnendes Subjekt, sondern »von uns selbst gemachter Begriff«[15] als Ausdruck moralischer Entschlossenheit und der Weigerung, sich mit dem Lauf der Welt abzufinden oder gar ihn als vernünftig anzuerkennen. Es »darf der Rechtschaffene wohl sagen: ich *will*, daß ein Gott ... sei, ich beharre darauf und lasse mir diesen Glauben nicht nehmen«[16].

Kants Formulierung der Antinomie der praktischen Vernunft läßt die Furcht vor dem endgültigen Scheitern des Gerechten, mithin die Bedrohung durch den Gedanken letztlich erfolglosen gerechten Tuns spüren, wenn auch Kant selbst keineswegs mit einem sinnlichen Bedürfnis oder Erfahrungen des Leidens, sondern nachdrücklich und streng allein mit dem reinen »Vernunftbedürfnis«[17] argumentiert. Gleichwohl brennen unterschwellig Fragen, die keineswegs »rein« vernünftig sind, sondern zugleich auch in Erfahrungen wurzeln: Wird der Glückwürdige auch des Glücks

---

meinen Sinnen zu erreichen nicht imstande bin, und für die Philosophie habe ich keine fidem implicitam.« V, S. 452, 25f. sagt Hamann von der Vernunft, daß er von ihr »ohne Erfahrung und Überlieferung keinen Begriff« habe.

14. Kr. d. pr. V., S. 113f. (204f.).

15. *Kant:* Von einem neuerdings erhobenen vornehmen Ton in der Philosophie, Ges. Schriften (Anm. 2), Bd. VIII, 1923, (387–406), S. 401. Parallel dazu ebd.: »Aus dem moralischen Gesetz ... geht nun der Begriff von Gott hervor, welchen uns *selbst zu machen* die praktische Vernunft nöthigt.«

16. Kr. d. pr. V., S. 143 (258).

17. A. a. O., S. 143f. (259), Anm.; vgl. S. 143 (258).

teilhaftig? Oder prallt er, der Gerechte, mit seinem Wollen und Handeln am Lauf der Welt ab?

Aus dem Sumpf solcher Bedrohung und Ungewißheit zieht sich Kant mit dem »als ob« des Daseins eines allmächtigen Gottes, der die fragliche Übereinstimmung von Glückwürdigkeit und Glückseligkeit, der Tugend mit dem Weltlauf herstellen kann und herstellt, mithin die Antinomie der praktischen Vernunft löst. Aber dieses »als ob« steht ganz auf dem guten Willen des Menschen; hoc volo, sic iubeo, sit pro ratione voluntas[18]. Die Güte des menschlichen Willens ist kraft des moralischen Gesetzes klar und gegenwärtig, während wir »mit aller Anstrengung unserer Vernunft nur eine sehr dunkle und zweideutige Aussicht in die Zukunft haben« und »der Weltregierer uns sein Dasein und seine Herrlichkeit nur mutmaßen« läßt[19].

Wir können zusammenfassen. Das Feld des Ethischen, erschlossen durch die Frage »Was soll ich tun?«, ist für Kant der anthropologisch umfassendste Horizont für die Frage nach Gott, die zusammenfällt mit der Frage »Was darf ich hoffen?« bzw. »Was muß ich notwendig hoffen dürfen?«[20]. Das Lob des Schöpfers ist verstummt; jene »Bewunderung und Ehrfurcht«[21] gilt ja nicht ihm. So steht denn die Klage über den Weltlauf und die Hoffnung auf das Glück nicht im Bezug zum Lob dessen, der alles sehr gut gemacht hat. Die Güte wird »außen« nirgends wahrgenommen. Ihr Grund und ihre Gegenwart sind innen, »nur dem Verstande spürbar«[22]: in dem inneren »unsichtbaren Selbst«[23] des Menschen, der den inneren Ruf der unbedingten – nie und nimmer empirischen – ethischen Forderung hört. Und drinnen bildet der Mensch denn auch in praktischer Absicht notwendig den hypo-

18. Juvenal, Sat. VI, S. 223. Vgl. Kr. d. pr. V., S. 31 (56).

19. Kr. d. pr. V., S. 147 (265f.).

20. Für Kant läßt sich das »Feld der Philosophie ... auf folgende Fragen zurückbringen: 1. Was kann ich *wissen*? ... 2. Was soll ich *thun*? ... 3. Was darf ich hoffen? ... 4. Was ist der Mensch? ... Man könnte alles Anthropologie nennen, weil sich die drei ersten Fragen auf die letztere beziehen«; Ges. Schriften (Anm. 2), Bd. 28.2,1 (Vorlesungen über Metaphysik, Einleitung), 1970, S. 533f. Vgl. Kr. d. r. V. A 804f.

21. Vgl. Anm. 5.

22. A. a. O., S. 162 (289); vgl. Anm. 11.

23. Ebd.

thetischen[24] Gottesgedanken. In ihm drückt sich eine in sich selbst gegründete moralische Entschlossenheit über das von Kant ins Feld geführte Vernunftbedürfnis hinaus in ihrer Sehnsucht und ihrem Sinnverlangen aus.

Doch im Purismus und der völligen Abstraktion von allem Sinnlichen ist der gute Wille samt seinen Postulaten in der Tat, mit Hamann geredet, ein »Hirngespinst«[25]. Indem mit ihm die unbezweifelbare Gegenwart des Guten behauptet wird, ist er zugleich »Idol«, vergöttertes Selbst, dem ein ferner Gott und dessen ferne Güte entspricht.

III.

In unserer Zeit ist das Erbe Kants in besonderer Weise in der Kritischen Theorie der Frankfurter Schule wirksam, vor allem bei Max Horkheimer.

Wie Kant weigert sich Horkheimer, in kritischer Wendung gegen Hegel, das Wirkliche als das Vernünftige zu begreifen. Der kantische dualistische Ansatz, Vernunft und Empirie, Natur und Sittlichkeit strikt auseinanderzuhalten, wird als Ausdruck des Protestes gegen das Vorfindliche geschätzt; das Denken soll nicht versöhnen und überspielen, was sich real widerspricht. Horkheimer hält am Erbe der Vernunftmetaphysik entschieden fest, sofern gerade die Abstraktheit der metaphysischen Gottesprädikate, vor allem das der vollkommenen Gerechtigkeit, das ihm von der jüdischen Tradition her entscheidend ist, in ihrem Überschuß über die empirische Wirklichkeit deren Verkehrtheit erkennen läßt und eine Distanz zu ihr sowie eine Empörung gegen sie erst ermöglicht.

Bei aller Gemeinsamkeit mit Kant unterscheidet sich Horkheimer darin jedoch tiefgreifend von ihm, daß er seine Vernunftge-

---

24. Kant unterscheidet zwar Hypothese und Postulat, um darin seiner Unterscheidung von theoretischer und praktischer Vernunft Rechnung zu tragen (Kr. d. pr. V., S. 142f. [256f.]). Das ändert nichts daran, daß das Postulat seiner logischen Struktur nach nichts anderes als eine Hypothese ist.

25. S. Anm. 13.

wißheit nicht teilt. Selbst die Vernunft ist nicht ewig. Denn sie ist nirgendwo anders »aufgehoben als in den vergänglichen Menschen selbst und so vergänglich wie sie«[26]. Kants Postulat des Daseins Gottes ist notwendiger Ausdruck seiner Vernunftgewißheit, die mit der Annahme der Unbedingtheit der Vernunft die Annahme ihrer Ewigkeit einschließt. Für Kant ergibt sich das Gottespostulat notwendig aus dem ewigen Vernunftgrund; es ist nicht grundlos[27]. Für Horkheimer dagegen »bleibt der bloße Glaube; der Versuch, ihn zu rationalisieren, war zum Scheitern verurteilt«[28].

Schon die Redeweise, die sich im Gebrauch des Verbs »rationalisieren« zeigt, widerspricht dem Denken Kants. Sie schließt die seit den Linkshegelianern und Schopenhauer aufgekommene grundsätzliche Kritik ein, die »Vernunft« als bedingt entlarvt, um sie nur noch – wie vor allem Nietzsche betont – als Mittel des Willens zur Lebensbewältigung und Lebenssteigerung gelten zu lassen. Kants Denken dagegen geschieht aufgrund der Prämisse, daß hinter die Vernunft nicht zurückgefragt werden kann, sie selbst also letzter Grund ist, nicht etwa Ausdruck oder Folge, keine Objektivation, sondern selbst gleichsam »Urmotiv«, selbst reine Spontaneität – jedenfalls in praktischer Hinsicht.

Der im Verhältnis zu Kant anderen Einschätzung der Vernunft entspricht eine andere Einschätzung des Empirischen und Sinnlichen. Für Horkheimer verblaßt das praktisch Vernünftige, wenn es nicht empfunden wird, zum bloßen Schein über der Wirklichkeit. Will Kant die »Achtung fürs Gesetz« von allem Empirischen freihalten[29], so geschieht sie nach Horkheimer im Leiden am Unrecht und in der Empörung dagegen.

Philosophiegeschichtlich gesehen wird damit Kant von Schopenhauer her kritisiert. Theologisch gesehen wird das moralische Gesetz als das erfahren, was zur Erfahrung und Erkenntnis der »Sünde« führt – und zwar so, daß es allein in dieser Erfahrung

26. Die Aktualität Schopenhauers, in: *M. Horkheimer:* Zur Kritik der instrumentellen Vernunft. Aus den Vorträgen und Aufzeichnungen seit Kriegsende, hg. v. *A. Schmidt*, 1967, (248–268), S. 261.

27. Die Begründung der Gottesgewißheit in der moralischen Gewißheit stellt sich besonders eindrucksvoll Kr. d. r. V. B 857 dar.

28. Die Aktualität Schopenhauers (s. Anm. 26), S. 261.

29. S. Anm. 11.

und Erkenntnis wirkt, außerhalb ihrer nicht »ist«; ich bin mir meiner moralischen Gesinnung nur negativ gewiß. Anders gesagt: »Sünde« wird angesichts der festgehaltenen Idee vollkommener Gerechtigkeit kraft bestimmter Sensibilisierung, bestimmter Bildung der Fähigkeit zum Mitleid wie zur Empörung entdeckt.

Bis in die 30er Jahre meinte Horkheimer, daß Unrecht und Elend aus sich selbst und für sich selbst sprechen; er fragt nicht, woraus Mitleid erwächst und wie das vielen versagte Glück erkannt werde. Später verliert sich für ihn diese Selbstverständlichkeit mehr und mehr. Er fragt nach den Bedingungen besagter Sensibilisierung und verweist für den sozialen Raum, in dem sie sich bildet, auf die bürgerliche Familie, die jedoch in der Auflösung begriffen ist.[30]

Horkheimer unterscheidet durchgehend zwischen natürlichem Leiden, das unaufhebbar ist, und gesellschaftlich bedingtem Leiden, das vermeidbar ist und sich aufheben läßt.[31] In den 30er Jahren ist Horkheimer im Blick auf die Möglichkeit solcher Aufhebung weit optimistischer als nach dem Zweiten Weltkrieg: Die Verstrickung, in welche die Dialektik der Vernunft durch die immer perfekter werdende Herrschaft der instrumentellen Vernunft führt, muß ihm immer unauflösbarer erscheinen. So wird bei ihm jene »metaphysische Trauer«[32], von der er schon immer redete, stärker. Aber selbst beim späten Horkheimer endet sie nicht in sich selber, weil sie nie ohne die »Empörung über das sinnlos geschmälerte Leben der Mehrzahl aller Menschen« ist, die ihrerseits wieder »in der Erfahrung von der Unwiederbringlichkeit des Glücks ihren Ursprung« hat und »von dem Gefühl der grenzenlosen Verlassenheit des Menschen durchdrungen« ist[33].

Der Geist der Empörung wird durch das Innewerden der menschlichen Verlassenheit und Endlichkeit nicht ausgelöscht,

30. Vgl. Autorität und Familie in der Gegenwart, in: Zur Kritik der instrumentellen Vernunft (s. Anm. 26), S. 269–287; Die Zukunft der Ehe, a. a. O., S. 288–301.

31. Vgl. z. B. Zu Theodor Haeckers »Der Christ und die Geschichte«, in: *M. Horkheimer:* Kritische Theorie. Eine Dokumentation, hg. von *A. Schmidt*, 1968, Bd. I, (361–373), S. 373.

32. A. a. O., S. 372.

33. A. a. O., S. 372f.

sondern angefacht. Andererseits wehrt dieses Innewerden – ideologiekritisch – der Illusion menschlicher Omnipotenzträume; es »bewahrt die Gesellschaft vor einem blöden Optimismus, vor dem Aufspreizen ihres eigenen Wissens als einer neuen Religion«[34]. In ihm ist der Glaube an Gottes Unendlichkeit aufbewahrt – freilich »säkularisiert«, weil nur noch im anthropologischen Negativ gespiegelt. Ohne Gottes Unendlichkeit könnte des Menschen Endlichkeit gar nicht erfahren und erkannt werden; Gottes Unendlichkeit sorgt für das humane Maß des Menschen, das dieser eben in der Erkenntnis seiner Endlichkeit findet[35].

Von der mit dem Mitleid bzw. der Trauer verbundenen Empörung erwartet Horkheimer »die Solidarität alles Lebendigen«[36] – die Solidarität aller Menschen, die sich ihrer Endlichkeit, Vergänglichkeit und der Unfähigkeit, vergangenes Elend gutzumachen, bewußt sowie zugleich willens sind, vermeidbares Leid, soweit möglich, aufzuheben. Dies ist eine zugleich kühne und verzweifelte Hoffnung auf eine universale Bruderschaft, in welcher der von Natur aus wirkende blinde Drang nach Selbstbehauptung gebrochen ist.

Für Horkheimer ist die Einsicht in die von ihm im Gefolge Schopenhauers mit der Erbsünde verglichene Verstrickung der Menschheit in den total gewordenen Willen zur Selbstbehauptung eine Belastung durchs negative Totale. Die Einsicht in diese Belastung und ihr Aussprechen ist freilich schon ein Durchbrechen des Bannes.

Durchbrochen wird der Bann in der Teilnahme am unschuldigen Leiden – nicht zuletzt dadurch, daß es zur Sprache gebracht und in Erinnerung gehalten wird. Dabei muß man sich jedoch dessen bewußt bleiben, daß versagtes Glück unwiederbringlich ist und selbst endlich zuerkanntes Recht die Toten nicht mehr erreicht. Insofern Horkheimer die Endgültigkeit dieser Versagung affirmiert, wird ihm die Idee vollkommener Gerechtigkeit zum bloßen Schein. Endgültigkeit des Todes und Scheinhaftigkeit der

34. Gedanke zur Religion, in: Kritische Theorie I (s. Anm. 31), (374–376), S. 376.
35. Vgl. ebd.
36. Zu Haeckers … (s. Anm. 31), S. 373.

Idee absoluter Gerechtigkeit lassen ihn von »metaphysischer Trauer« sprechen.

Die Idee vollendeter Gerechtigkeit und Güte weckt also nicht nur Empörung gegen die Ungerechtigkeit. Sie bewirkt zugleich auch die Erkenntnis der menschlichen Endlichkeit und Ohnmacht: Die Versagung des Glücks ist endgültig; geschehenes Unrecht ist nicht wiedergutzumachen und durch keinen gesellschaftlichen Fortschritt zu rechtfertigen – so sehr dieser zu wünschen und zu befördern ist. Die Idee »vollendeter Gerechtigkeit ... kann in der Geschichte niemals ganz verwirklicht werden; denn selbst wenn eine bessere Gesellschaft die gegenwärtige Unordnung abgelöst und sich entfaltet haben wird, ist das vergangene Elend nicht gutgemacht und die Not in der umgebenden Natur nicht aufgehoben«[37].

Horkheimer hegt also keineswegs den Optimismus innerweltlicher Vollendung. Das Moment innergeschichtlicher Eschatologie verblaßt immer mehr. Elemente dessen, worin bei Kant trotz Postulatenlehre und vorsichtiger Einschätzung der Möglichkeiten der Vernunft im realen Gang der Weltgeschichte der Fortschrittsgedanke lebt und worin er die Geschichtsphilosophie Hegels vorwegnimmt, kann Horkheimer nur in den 30er Jahren aufnehmen, später kaum mehr.

Im Vergleich zu dem, was Horkheimer noch zu sagen wagt, um nicht ganz zu schweigen, wirkt selbst die herbe Religionslehre Kants geradezu vollmundig. Das Postulat des Daseins Gottes, bei Kant schon ein zwar nicht unmöglich zu denkendes, aber theoretisch nicht ausweisbares und in keiner Weise »dingfest« zu machendes Gebilde der Hoffnung, ist nun äußerst zerbrechlich und gänzlich unabgesichert geworden. Das zeigt sich darin, daß für Horkheimer die Idee vollendeter Gerechtigkeit in keiner Affirmation, in keiner Aussage gegenwärtig sein kann, auch nicht mehr im positiven Ausdruck moralischer Entschlossenheit: »Ich will, daß ein Gott ... sei!«[38], sondern allein in der »Sehnsucht nach dem ganz Anderen«[39], genauer noch, weil un-

---

37. Gedanke zur Religion (s. Anm. 34), S. 374f.

38. S. Anm. 16.

39. *M. Horkheimer:* Die Sehnsucht nach dem ganz Anderen. Ein Interview mit Kommentar von *H. Gumnior*, 1970.

mißverständlich negativ gefaßt, als »Furcht, daß es ... Gott nicht gebe«[40].

Es ist Horkheimers keineswegs unbegründete Befürchtung, daß die Idee Gottes, wie er sie in der Idee vollendeter Gerechtigkeit festhalten will, im Zuge der geschichtlichen Entwicklung auf eine total verwaltete Welt hin mehr und mehr verblaßt und schließlich überhaupt verloren geht. Denn diese Vernunftidee ist nicht unabhängig von einem empirischen Wurzelboden – nicht unabhängig vor allem von der Familie, in der sie sich bilden kann. Kant dagegen war von vornherein der Unbedingtheit und Ewigkeit der Vernunft gewiß. Diese Vernunftgewißheit hat Horkheimer nicht mehr. Jeder Versuch, »die Positivität des Absoluten« zu »retten«, scheitert daran, »daß die Einsicht trotz allem ans lebendige Subjekt gebunden ist und mit ihm untergeht«[41].

Horkheimer will zwar das Negative nicht affirmieren, sieht aber keine Möglichkeit und Macht, die es letztlich negieren könnte. Vom Christusglauben aus geurteilt, versinkt Horkheimer in der Anfechtung angesichts universal und total gewordener Schuldverstrickung. »Gott« ist anwesend nur als ohnmächtig festgehaltener Schein der Idee des Guten.

Während der Christ von Horkheimer sagt, er erliege der Anfechtung, muß Horkheimer vom Christen sagen, er erliege der Illusion. Es ist die Illusion einer Gegenwart dessen, was nur wirklich ist als ohnmächtige Sehnsucht nach dem ganz Anderen, genauer noch: als Furcht, daß es Gott und seine Güte nicht gebe.

IV.

Von der Gegenwart der Güte Gottes ist bei Kant im bezeichneten Sinn abstrakt und bei Horkheimer negativ die Rede. Beide weigern sich, aus der Welterfahrung auf Gottes Güte zu schließen und sehen nur die Möglichkeit, sie gegen die Welterfahrung zu postulieren. Im Unterschied zu solchem Postulieren finden sich in

40. A. a. O., S. 76: »Ich bin mehr und mehr der Meinung, man sollte nicht von der Sehnsucht sprechen, sondern von der Furcht, daß es diesen Gott nicht gebe.«
41. Die Aktualität Schopenhauers (s. Anm. 26), S. 261.

der gegenwärtigen Theologie Versuche, die Rede von Gott im Zusammenhang von »Wirklichkeit« und »Erfahrung« allgemein verständlich zu machen, um sie so zu »verifizieren« und zu ihrer »Verifikation« anzuleiten. In dieser Bemühung liegt die Gemeinsamkeit der Entwürfe etwa von Gerhard Ebeling und Wolfhart Pannenberg.

Innerhalb der besagten Gemeinsamkeit ist jedoch gerade zwischen Ebeling und Pannenberg äußerst kontrovers, wo, wie, woran, im Bezug worauf sich Gott erfahren und sich die Rede von ihm »verifizieren« läßt. Nicht zufällig spitzt sich diese Kontroverse im Problem der Bestimmung des Verhältnisses von Gottesfrage und Ethik zu[42].

Im folgenden gehen wir von dieser aufschlußreichen Kontroverse aus, indem wir sie in Grundlinien zugleich auf das Denken Kants und Horkheimers beziehen.

Mit seiner Behauptung der »Evidenz des Ethischen« folgt Ebeling in bestimmter Hinsicht Kant; zugleich beruft er sich auf Erfahrungen des Negativen, die auch Horkheimer im Blick hat. Pannenberg dagegen bestreitet diese Evidenz. Er ist aber vom Denken Kants insofern geprägt, als er von »Gott« in der Form einer Hypothese redet. Sie bedeutet bei ihm des näheren allerdings etwas anderes, indem sie eine Sinntotalität intendiert, was Kant als »spekulativen Frevel« streng abgewiesen hätte, um von dem noch schärferen Urteil zu schweigen, das sich von der negativen

---

42. Mit *Ebelings* Aufsatz »Die Evidenz des Ethischen und die Theologie« (in: ZThK 57, 1960, S. 318–356 = *G. Ebeling:* Wort und Glaube, Bd. II: Beiträge zur Fundamentaltheologie und zur Lehre von Gott, 1969, S. 1–41) setzte sich *Pannenberg* in seiner Mainzer Antrittsvorlesung »Die Krise des Ethischen und die Theologie« (in: ThLZ 87, 1962, S. 7–16) auseinander. Ebeling antwortete unter demselben Titel (»Die Krise des Ethischen und die Theologie«, in: Wort und Glaube, Bd. II, S. 42–55). Pannenbergs Erwiderung darauf und die Replik Ebelings auf diese Erwiderung erschienen als »Ein Briefwechsel zwischen Wolfhart Pannenberg und Gerhard Ebeling«, in: ZThK 70, 1973, S. 448–462, 462–473. Ebelings Position findet sich zusammengefaßt in seinem Buch »Studium der Theologie. Eine enzyklopädische Orientierung«, 1975, S. 146–161 (11. Kapitel: Ethik), auf das der Kürze halber im folgenden hauptsächlich Bezug genommen wird (zit.: »Enzykl.«).

Dialektik Horkheimers her ergäbe. In größerer Nähe zu Kant steht zweifellos Ebeling, auf dessen Bestimmung des Verhältnisses von Ethik und Gottesfrage wir zuerst achten.

V.

Ebeling teilt mit Kant den Ansatz beim Ethischen, verfolgt dabei jedoch ein anderes Interesse. Für ihn ist das Theologische nicht Exponent des Ethischen. Er sieht vielmehr umgekehrt in der Evidenz und zugleich Aporetik des Ethischen die Bedingung der Möglichkeit, das Theologische zu verstehen und verständlich zu machen. Mithin hat für ihn der Ansatz beim Ethischen fundamentaltheologische Bedeutung; er eröffnet »die Frage nach dem Grund der Notwendigkeit von Theologie überhaupt«[43]. Ebeling nimmt das Ethische gleichsam als Sprungbrett, um ins Theologische zu kommen[44]. In diesem Sinn vertritt er die These, daß »das Phänomen des Ethischen auch und vornehmlich die Funktion eines Verstehenshorizontes« hat, »ohne den nicht deutlich werden kann, was Sache der Theologie ist«[45].

Im Unterschied zu Kant geht für Ebeling die Sache der Theologie im Verstehenshorizont des Ethischen keineswegs auf. Es verhält sich vielmehr so, »daß in ihm Probleme aufbrechen, ja von ihm geradezu erzeugt werden, die ethisch nicht lösbar sind und den Horizont des Ethischen transzendieren«[46]. Als solche »Aporien« werden genannt: »das Moment des Unbedingten«, das an »der Unerfüllbarkeit der absoluten Forderung« erfahrbar wird, die ethisch nicht mehr einholbare Wirkung der Schuld und das Schicksal[47], während Kant auf der Erfüllbarkeit der absoluten Forderung besteht (Du kannst, denn du sollst!). Ist für Kant der Ansatz der Ethik aus prinzipiellen Gründen atheistisch und von

43. Wort und Glaube, Bd. II, S. 104.
44. Theologie- und philosophiegeschichtlich gesehen, orientiert sich Ebeling damit zwischen Kant und Schleiermacher und an einem von diesem Zwischen her verstandenen Luther (Selbst-, Welt- und Gotteserfahrung als Gewissenserfahrung).
45. Enzykl., S. 146.
46. A. a. O., S. 152.
47. A. a. O., S. 153f.

»Gott« erst im Zusammenhang des sich aus dem Grund des guten und freien Willens ergebenden Gegenstandes, des Höchsten Gutes, zu reden, so stellt sich für Ebeling im Gefolge Wilhelm Herrmanns die Gottesfrage nicht erst sekundär, sondern schon in dem, was nach Kant den Grund bildet: im Verhältnis von Gesetz und Freiheit.

Doch im Blick auf ein Moment des entscheidenden Ansatzpunktes stimmt Ebeling mit Kant überein: Das Gesetz, die radikale ethische Forderung, ist jedem Menschen als Menschen deo remoto evident. »Ethik lenkt die Aufmerksamkeit ganz auf den Menschen: auf das rein Menschliche ... – denn hier geht es um das Verhalten und Handeln des Menschen in eigener Verantwortung, auf sich gestellt, als gäbe es Gott nicht.«[48] Dieses Absehen von Gott will der Konzentration »auf das rein Menschliche« dienen. Und wie bei Kant soll die Reinheit des Menschlichen dessen Allgemeinheit sicherstellen[49].

Dabei muß freilich bedacht werden, daß die Allgemeinheit des Menschlichen und der radikalen ethischen Forderung sich keineswegs von selbst versteht. Sie muß vielmehr hergestellt, vermittelt sein. Ebenso versteht sich die Einsicht in die Forderung nicht von selbst. Denn sie hat zur Voraussetzung, daß eine bestimmte Sensibilisierung schon erfolgt, eine Wachsamkeit geweckt und eine Offenheit gebildet ist. Dazu sind wir auf Sprache und Tradition, ja auf die Kompetenz und Vollmacht eines bestimmten Sprechers angewiesen. Geschähe nämlich die ethische Forderung unvermittelt und wäre sie aus sich selbst evident, dann hätte Jesus die Geschichte des barmherzigen Samariters als die Geschichte des unter die Räuber Gefallenen nicht erfinden und erzählen müssen.

Nun ist für Ebeling die ethische Forderung in einer bestimmten Hinsicht nicht unvermittelt. Sie ist auch nicht im Kantischen Sinne unbedingt, Faktum der reinen Vernunft[50], vielmehr durchaus bedingt, weil »von der Not her zu bestimmen, der es zu begegnen

48. A. a. O., S. 146. Vgl. Sartre, a. a. O. (s. Anm. 7).

49. Vgl. a. a. O., S. 146. Als Drittes nennt Ebeling ebd. »das konkret Menschliche«. Wie aber verhält sich dieses zum Reinen und Allgemeinen?

50. S. Anm. 4.

gilt«[51]. Und ähnlich wie bei Horkheimer heißt es: »Das Verständnis dessen, was gut ist, erschließt sich nicht von abstrakten Ideen her, sondern kommt zur Erfahrung in der Begegnung mit dem Bösen ... Die Frage nach dem sittlich Guten wird konkret erfahren in der Nötigung durch das Böse, also in nötigender Not.«[52]

Solcher Orientierung des Guten am Bösen entspricht die des Evangeliums am Gesetz. An der von der Not her bedingten, als solche mich jedoch unbedingt angehenden ethischen Forderung läßt sich die Angewiesenheit auf das Geschenk der Freiheit erfahren, in der das Gesetz durch die Liebe erfüllt wird. Die Bestimmung des die Freiheit bringenden Evangeliums ergibt sich vom Gesetz und seiner Erfahrung her. Insofern ist das Gesetz die Bedingung der Möglichkeit, das Evangelium zu verstehen.

Auf diese Weise ist bei Ebeling in einem präzisen, nicht Kantischen, sondern eher Horkheimerschen Sinn die Gottesfrage aus dem Horizont des Ethischen heraus gedacht. In ihm sieht er sich »an eine Grenze gestoßen, über die es selbst nicht hinausführt, aber hinausweist«[53]. Es ist »das Evangelium nur von seinem Be-

51. Die Evidenz des Ethischen und die Theologie; Wort und Glaube, Bd. II, S. 20.

52. A. a. O., S. 18f.

53. A. a. O., S. 32 (die Verben bei E. im Imperf.). Bleibt Horkheimer innerhalb dieser Grenzerfahrung und ihrer negativen Theologie, so drängt Ebeling als Christ und Theologe über sie hinaus, ohne jedoch die sich beim Übergang stellenden Probleme zu verkennen: »Es ist Vorsicht geboten, ... vom Ethischen her die Sache der Theologie ohne weiteres für legitimiert zu halten. Das Vorliegen von Aporien berechtigt nicht, jede sich anbietende Lösung zu akzeptieren. Mit dem Aufweis religiöser Bedürfnisse ist die Wahrheit des Glaubens nicht eo ipso erwiesen. Es könnte ja sein, daß über das Ethische hinaus nichts anderes auszusagen bleibt als eine unauflösliche Aporie des Ethischen, die wir uns nicht durch religiöse Illusionen verschleiern dürfen. Das letzte, was zu sagen wäre, könnte ja darin bestehen, daß der Mensch mit sich selbst fertigwerden muß, und zwar gerade mit der Erfahrung fertigwerden muß, mit sich selbst nicht fertigwerden zu können. Es wäre eine apologetische Täuschung, wollten wir mit dem Aufweis der Not, in die die erörterten Nötigungen im ethischen Horizont nicht nur zurückweisen, sondern auch hineinführen, schon die Notwendigkeit des Theologischen für erwiesen halten. *Es genügt keine postulierte Notwendigkeit, sondern es bedarf einer sich ereignenden*, sich durchsetzenden Notwendigkeit, die sich als Not wendend erweist. An der Wirk-

zug auf das Gesetz hin zu verstehen. Und die Theologie kann in ihrer spezifischen Verschiedenheit von der Ethik nur durch ihren Bezug auf das Phänomen des Ethischen verständlich werden.«[54]

Gottes Güte und Freiheit, als sein gut und frei machendes Handeln, werden im Sinne der Theologie Ebelings allein als Überwindung des Bösen und der Sünde wahrgenommen. Es fragt sich, ob damit die von Ebeling selbst intendierte Weite und Tiefe des Menschlichen, das Gesamtmenschliche, wirklich erreicht oder ob nicht die Wahrnehmung der Schöpfung eingeschränkt wird und etwa Luthers Erklärung des ersten Glaubensartikels im Kleinen Katechismus mit dem Ansatz, wie ihn Ebeling vertritt, nur schwer zusammengedacht werden kann. Hat das Evangelium als Mitteilung der neuen Schöpfung denn nicht einen Überschuß an Positivität gegenüber jener Bestimmung, die es erfährt, wenn es ausschließlich vom Bezug auf Erfahrungen des Negativen her verstanden wird? Sollte man den Weg, von der Not des Menschen aus die Notwendigkeit Gottes verständlich zu machen, nicht vermeiden? In einer der »Positivität« des Evangeliums entsprechenden Wahrnehmung der Schöpfung und der Güte Gottes würde das Ethische keineswegs vernachlässigt. Es bildete dann aber nicht mehr ausschließlich den Verstehenshorizont für das Theologische, sondern verstünde sich aus einem weitergreifenden Zusammenhang.

Mit der angedeuteten Kritik an Ebelings Bestimmung des Verhältnisses von Gottesfrage und Ethik läßt sich die Kritik Pannenbergs vergleichen, der wir uns nun zuwenden.

VI.

Mit dem Hinweis auf die »Krise des Ethischen« will Pannenberg gegen Ebeling geltend machen, daß nicht nur die Freiheit und Kraft, das Gesetz zu erfüllen, sich nicht von selbst verstehen. Auch das Gesetz selbst versteht sich nicht von selber und ist nicht in sich selber begründet. Was angesichts der Not als das Gute zu

lichkeit der Not muß die Wirklichkeit des Not Wendenden sich bewahrheiten« (ebd.; Hervorhebung von mir).
54. Enzykl., S. 157.

tun ist, ergibt sich nicht von selbst – aus einem »nackten«[55] Imperativ –, sondern aus einem transethischen Sinnhorizont, einem universalgeschichtlichen Bedeutungs- und Erkenntniszusammenhang, mit dem Gott als die Einheit (als Integral und Integrans) der Wirklichkeit gedacht wird.

Dieser Erkenntniszusammenhang ist nun allerdings kein im Sinne von Kants Verständnis rein theoretischer, der durch die isolierbare Frage »Was kann ich wissen?« erschlossen würde. Vielmehr – und darin liegt der grundlegende Unterschied zu Kant – verquickt Pannenberg die bei Kant der Frage »Was soll ich tun?« sachlich untergeordneten beiden Fragen »Was kann ich wissen?« und »Was darf ich hoffen?«[56] miteinander zu einer einzigen Frage, die sich in einem proleptisch-hypothetischen Wissen ausarbeitet. In diesem vorgreifenden, sozusagen hoffenden Wissen erschließt sich nach Pannenberg ein umfassender Sinnhorizont, aus dem heraus die praktische Vernunft sich ergibt, indem sie sich in ihm orientiert.

Auf diese Weise versucht Pannenberg die platonisch-augustinische Vorgegebenheit des schlechthin Guten bzw. summum bonum als des Grundes und Zieles menschlichen weltoffenen und umweltfreien Verhaltens – die »Vorordnung des Guten vor allem Streben nach dem Guten«[57] – festzuhalten und zugleich neu zu denken. Der Unterschied zur platonisch-augustinischen Tradition liegt in dem, was Pannenberg als »eschatologische« Fassung dieses Grundes und Zieles – die zusammen, in anderer Metapher, Totalhorizont sind – vertritt. In dieser Fassung erscheint die christliche Eschatologie so weit formalisiert, daß sie einem neuzeitlichen Hypothesenbegriff entspricht, in dem vor allem Nietzsches Kritik am platonischen Ansichsein des Guten aufgenommen ist. Das summum bonum denkt Pannenberg nun in der Form einer Hypothese, ohne freilich die innere Unmöglichkeit dieser Konstruktion zu erörtern.

Pannenberg versucht weiter, diese Konstruktion mit dem genuin christlichen Verständnis Gottes »als in diese Welt kommende

55. *W. Pannenberg:* Das Problem einer Begründung der Ethik und die Gottesherrschaft, in: Theologie und Reich Gottes, 1971, (63–78), S. 66.

56. S. Anm. 20.

57. S. Anm. 58.

Mitteilung seiner selbst«, als Liebe, zu verschmelzen[58]. Aber wie und wodurch geschieht diese Mitteilung konkret? Wie erreicht sie mich? Wenn sie den postulierten – hypothetisch gesetzten – universalen Sinnhorizont mitteilt, wie wird dieser vom einzelnen konkret erfahren? Wie ist die »Totalität ... möglicher Gegenstand endlicher Erfahrung«[59]? So daß die Sinntotalität zugleich Grund endlicher Erfahrung als Bedingung ihrer Möglichkeit wäre?

Pannenbergs Hinweis auf die anthropologische Grundstruktur des Ständig-sich-Transzendierens ist abstrakt. Ebenso abstrakt ist die Auskunft, daß man im Wissen eines äußersten Sinnhorizontes »Erfahrungen« macht, indem man alles, was einem begegnet, in diesem proleptisch-hypothetisch gedachten Zusammenhang einordnen, in ihm »verstehen« kann.

Die Abstraktion solcher Argumentation liegt über die jedem Denken notwendig eigene Abstraktheit hinaus darin, daß man mit dem Gebrauch der Metapher des »Horizontes« und der »Horizontverschmelzung« das Bild einer lautlosen und bruchlosen Horizonterweiterung maßgebend sein läßt. Muß nicht in einem von diesem Bild geleiteten Denken auch das, was nur als sinnlos erlitten werden kann, letztlich, im Großen und Ganzen, sinnvoll oder gar gerechtfertigt werden? Zwingt nicht ein in sich zwar strukturierter, am Ende aber doch formaler Einheitsbegriff von »Sinn« dazu, Sinnloses und Sinnvolles miteinander gedanklich zu vermitteln und so die schmerzende Differenz zwischen positiven und negativen Erfahrungen zu überspielen? Rundet sich Theologie unter dem Diktat des Sinnbegriffs nicht unausweichlich zu einer trotz aller Betonung der Vorläufigkeit ihrer Sätze unkritischen Integrationswissenschaft?

58. »Die philosophische Frage nach dem Guten erweist sich also nicht nur als ein Weg zur Begründung des Redens von Gott, sofern sich in der Vorordnung des Guten vor allem Streben nach dem Guten seine göttliche Wirklichkeit bekundet. Es hat sich darüber hinaus gezeigt, daß die Frage nach dem Guten auch mit einem ganz bestimmten Verständnis der göttlichen Wirklichkeit konvergiert, nämlich mit einem Verständnis Gottes nicht als selbstzufriedener Jenseitigkeit, sondern als in diese Welt kommende Mitteilung seiner selbst« (Das Problem einer Begründung der Ethik und die Gottesherrschaft, a. a. O. [s. Anm. 55], S. 70f.).

59. Vgl. *Ebeling*: Briefwechsel (s. Anm. 42), S. 467 (im Zusammenhang von S. 466–469!).

Sicherlich gibt es Erfahrungen, die nur auf dem Wege der Abstraktion gewonnen werden können. Die Leistung konstruierender Rationalität sowie idealistischer Liebe zur Form ist nicht zu leugnen. Zugleich aber darf deren Gefahr nicht verkannt werden, das sinnliche Datum und historische Faktum in ein Allgemeines aufzuheben und so zu verlieren[60]. Ebenso ist anzuerkennen, daß ohne das erinnernde und antizipierende Vor-urteil des utopischen Bewußtseins und seiner Fiktionen die Rationalität blind ist[61]. Doch auch hierbei droht eine Gefahr: daß das utopische Bewußtsein »vermittelst der Fiktion die Visionen abwesender Vergangenheit und Zukunft zu gegenwärtigen Darstellungen verklärt«[62]; es besteht die Gefahr der Illusion.

Wenn Pannenberg den hypothetischen Charakter, den die wissenschaftlich-theologischen Sätze unbestreitbar haben, auch der Glaubenserfahrung selbst zuschreibt, dann wird sie vom sinnlich Widerständigen abstrahiert und leer. Zugleich wird sie zur Illusion, weil am metaphysischen Ganzen einer chimärischen Sinntotalität teilhabend. Denn die in Prolepsen wirksame Einbildungskraft schafft sowenig den Glauben wie die mit ihr vereinte konstruierende und rekonstruierende Kraft des Abstrahierens, die Hypothesen bildet[63].

Wenn – nach dem Bekenntnis des christlichen Glaubens – Gott Liebe ist »als in diese Welt kommende Mitteilung seiner selbst«[64], dann läßt sich die Gabe, in der Gott sich mitteilt, sinnvollerweise nur nehmen und essen, nicht aber suspendieren. Gabe ist Gabe und keine Hypothese. Sie ist dazu da, daß ich sie mir gefallen und schmecken lasse. Das diesem Wahrnehmen gemäße Tun besteht darin, den andern ebenfalls in seiner Bedürftigkeit anzuerkennen und ihm die in der Gabe gegenwärtige Güte Gottes ebenso wie mir zu gönnen und entsprechend mit ihm umzugehen.

60. *O. Bayer:* Rationalität und Utopie, in: WPKG 66 (1977), (140–153), S. 144.

61. A. a. O., S. 145.

62. A. a. O., S. 146 (Formulierung J. G. Hamanns; s. den Nachweis a. a. O., S. 141 f.).

63. A. a. O., S. 148 f.

64. Mit Pannenberg; s. Anm. 58.

So ist der ethische Imperativ in der Tat keineswegs »nackt«[65], sondern ergibt sich aus der Fülle. Wie diese Fülle anders denn als hypothetische Sinntotalität einerseits und anders denn als Fülle der Furcht, daß es Gott nicht gebe, andererseits, mithin weder in einer Integration intendierenden noch in einer negativ-kritischen Metaphysik zu beschreiben ist, wurde eben schon angedeutet und soll im folgenden entfaltet werden.

VII.

Die metaphysikkritische Spitze des Christentums zeigt sich in ausgezeichneter Weise im Herrenmahl; es wehrt jedem Intellektualismus und Moralismus. In ihm und von ihm aus sieht sich der Mensch von der Gabe bestimmt, mithin nicht als das Wesen, das postuliert, sondern als das Wesen, das empfängt.

Im Unterschied zum Tier empfängt der Mensch die Gabe des Lebens samt dem ihm gewährten Lebensraum und der ihm gewährten Lebenszeit nicht bewußtlos, sondern so, daß er dabei angesprochen wird: Von dem allem sollst du essen! (vgl. Gen 2,16). Die große Freigabe des menschlichen Lebensraumes geschieht im gebietenden, erlaubenden und einladenden Wort Gottes. Als von solchem Wort Angesprochener kann der Mensch antworten. Er antwortet, indem er die Gabe staunend wahrnimmt und den Geber alles Guten lobt. Das Loben Gottes geschieht nicht in einem rein personalen Gegenüber zu ihm, sondern im Staunen vor der begegnenden und durch die Freigabe Gottes aufgeschlossenen Welt, der Mitkreatur, besonders im Staunen vor dem ihm als Gabe begegnenden Mitmenschen, den er erkennt und wahrnimmt: Das ist doch …! (Gen 2,23).

Das Wahrnehmen des Gewährten im Nehmen, Essen und Loben – das ist Glauben. Wer glaubt, der »schmeckt und sieht, wie freundlich der Herr ist« (Ps 34,9; 1Petr 2,3), der hat ein Auge für die Menschenfreundlichkeit Gottes. Wer es nicht hat, glaubt nicht; er sündigt[66].

65. S. Anm. 55.

66. Die Hauptsünde ist also nicht die Übertretung eines Verbots (peccatum commissionis), sondern das Nicht-Nehmen dessen, was einem ge-

Die Anrede und Zusage Gottes, wie sie in besonderer Klarheit im Herrenmahl erfahren wird, ergeht in weltlicher Materie, durch den Mund eines Mitmenschen, und umfaßt zugleich einen leiblich-konkreten Vorgang: das gemeinsame Essen und Trinken. Mit den zur Tischgemeinschaft versammelten sündigen Menschen werden ihre natürlichen und zugleich kulturellen Nahrungsmittel, die Materie des Brotes und des Weines, vom Gabewort Gottes umfangen und für den »neuen Bund«, das endgültige Gemeinschaftsverhältnis zwischen Gott und den Menschen und den Menschen untereinander, reklamiert. So muß man Gott nicht am Rande des Lebens in menschlichen Grenzsituationen suchen, um ihn als Grenzbegriff zu denken und seine Notwendigkeit aus menschlicher Not verständlich zu machen. Vielmehr begegnet er in der Mitte des Lebens[67]; er begegnet nicht ohne das tägliche Brot[68].

Daß dieser Hinweis auf die Mitte des Lebens nicht eine vitalistische Naivität meint, kann vom Herrenmahl her nicht zweifelhaft sein. Ist doch der Gastgeber kein anderer als der auferweckte Gekreuzigte. Er hat »den Tod geschmeckt« (Hebr 2,9), erzählt ihn und hat als Lebendiger das endgültige Wort eben kraft seines Todes. Aus der Mitte des Lebens, wie sie im Gemeinschaftsmahl wahrgenommen wird, sind also Leiden und Tod nicht ausgeschlossen. Sie sind vielmehr, als besiegte, in sie eingeschlossen. Daher weckt das Gabewort die »Eucharistie«, d. h. den Dank und die Freude.

Aus dieser Freude kommt eine neue Zuwendung zu den Mitgeschöpfen und der Mut, die Rettung aller natürlichen und kulturellen Dinge durch Gericht und Tod hindurch zu erwarten. Diese

boten – gewährt – ist, das Übersehen und Übergehen, das peccatum omissionis, das Auslassen der Chance. In diesem Sinn ist der Vers Wilhelm Buschs »Das Gute, dieser Satz steht fest, ist stets das Böse, das man läßt« umzukehren: »Das Böse, dieser Satz steht fest, ist stets das Gute, das man läßt.«

67. Vgl. *D . Bonhoeffer:* Widerstand und Ergebung. Briefe und Aufzeichnungen aus der Haft, hg. v. *E. Bethge*, Neuausgabe 1970, S. 307f. (Brief vom 30. 4. 1944).

68. »Alles, was zur Leibesnahrung und -notdurft gehört wie Essen und Trinken ... gute Freunde, getreue Nachbarn und desgleichen« (*M. Luther:* Kleiner Katechismus, Erklärung der vierten Bitte des Vaterunsers; BSLK 514,1–10).

Zuwendung ist das Gegenteil eines ästhetisch unmittelbaren Verhältnisses zur Natur, das nicht möglich ist, nachdem »die Sonne ihren Schein verlor« und »Finsternis über das ganze Land kam« (Lk 23,44f.). In seinem Schrei am Kreuz reißt Jesus zugleich auch die Differenz zwischen eine naturfromm ästhetische Haltung und jene zweite Naivität, in der er die Lilien auf dem Felde für die Sorge und Güte des himmlischen Vaters sprechen läßt. Erst in der von ihm hergestellten Vermittlung redet die Natur als Schöpfung; er ist der Schöpfungsmittler.

Sich in dieser mitgeteilten zweiten Naivität an der Welt als der Schöpfung Gottes zu freuen, schließt die Klage um die Endlichkeit der Welt, die Erfahrung des Bösen und der Schuld und das Bekenntnis der Sünde ein – aber so, daß gerade inmitten dieser Wahrnehmungen bekannt werden kann: »Die Güte des Herrn ist's, daß wir nicht gar aus sind« (Klgl 3,22). Selbst noch das pure Leben ist ein Wunder und kann nicht als selbstverständlich hingenommen werden.

Gottes Schöpfergüte erschließt sich uns in der besonders deutlich durch das Herrenmahl erfahrenen Neuschöpfung, in der Heimholung der sündigen Menschen und ihres täglichen Brotes in den »neuen Bund«. Aus der Tat dessen, der dem gekreuzigten Jesus durch den Tod hindurch Gemeinschaft hielt, d. h. ihn auferweckte, erkennen wir die Welt als Schöpfung aus dem Nichts und staunen, daß überhaupt etwas ist und nicht vielmehr nichts.

Die in solchem Staunen gemeinsam wahrgenommene Gegenwart der Güte Gottes macht den Menschen gut und sagt ihm, was gut ist: allem voran das Leben als solches und alles, was es befördert und schützt.

Wer die Schöpfung aus dem Nichts bekennt, der kann seine Mitmenschen nur als die wahrnehmen, die sich in derselben Situation befinden. Die Situation der Solidarität der Kreatur in ihrer Bedürftigkeit ist ihm freilich nicht ständig evident; vielmehr vernebelt er sie sich und bleibt darauf angewiesen, daß sie ihm immer wieder neu erzählt wird (Lk 10,25–37; Mt 25,31–46).

Solche elementare menschliche Gemeinschaft läßt an jene »Solidarität alles Lebendigen« denken, von der Horkheimer redet[69]. Sie unterscheidet sich von dieser aber tiefgreifend dadurch, daß

69. S. Anm. 36.

sie nicht von der Furcht beherrscht sein muß, Gott und seine Güte gebe es nicht. Vielmehr lebt sie in der Freude an der Nähe des menschgewordenen und mitleidenden Gottes, der sich im Herrenmahl sinnlich gewiß hören läßt und gibt. In der Gemeinsamkeit des Feierns und der Freude erfährt sich der Mensch nicht zuerst als Täter, sondern als Beschenkter. Menschliche Gemeinschaft wird nicht primär als vom guten Willen in der Tat einzulösende unbedingte Forderung erfahren, sondern als die allen Menschen unbedingt und bedingungslos zukommende Gabe, die im Sich-Miteinander-Freuen und im Miteinander-Leiden wahrgenommen wird.

Entsprechend erschließt sich das ganze Feld des Ethischen nicht aus der Güte des kategorischen Imperativs, sondern aus der Güte der kategorischen Gabe. Sie sich nicht gefallen und schmecken zu lassen, ist Sünde. Für die Bestimmung des Verhältnisses von Gesetz und Evangelium besagt dies, daß das Evangelium als Mitteilung der neuen Schöpfung in einem Überschuß an Positivität gegenüber jener Bestimmung gedacht werden muß, die es erfährt, wenn es ausschließlich vom Bezug auf Erfahrungen des Negativen her verstanden wird.

5.
Barmherzigkeit*

I.

Zu den Wörtern, die in ihrem Bedeutungsgehalt und ihrer Kraft abgenützt und durch den Gang der Geschichte überholt scheinen, gehört das Wort »Barmherzigkeit«. Es sagt vielen kaum mehr als das Gefühl rührseligen Mitleids, in dem ein unbestimmter Wille, dem in seiner Not begegnenden Mitmenschen zu helfen, aufkommt, bald aber, vielleicht in wortreicher Anteilnahme, folgenlos versackt oder sich, nicht ohne ein Unbehagen zurückzulassen, in einem zeitlichen oder finanziellen Almosen erschöpft. Es haftet der Barmherzigkeit etwas Momentanes, Zufälliges, Unverbindliches, ja Willkürliches an. So mag sie zwischen einem immer enger und fester werdenden Netz sozialer Sicherungen und klarer Rechtsansprüche ihren Ort noch eine Weile behalten. Auf die Dauer aber dürfte sie sich durch weitere institutionelle Fürsorge als Hilfe zur Selbsthilfe vollends erübrigen.

Das Wahrheitsmoment solcher Argumentation ist nicht zu verkennen. Aus der Not zu helfen, heißt nicht zuletzt, zur Selbständigkeit zu verhelfen und Abhängigkeiten möglichst aufzuheben. Rechtliche Garantien der Hilfe befreien von der Furcht, keine Hilfe zu finden; die Rationalität rechtlicher Konstruktionen schaltet den Zufall weitgehend aus. Freilich um den Preis möglicher Kälte. Denn die Wärme emotionaler Zuwendung und zugleich ihre Freiheit und Spontaneität kann rechtlich-institutionell nicht garantiert werden; sie läßt sich nicht organisieren.

So stößt man nicht nur in den Lücken und an den Rändern eines sozialen Rechtsstaats, sondern inmitten seiner Institutionen auf die Frage nach einer Freiheit, die vom Gesetz formal korrekt

---

* Erstmals veröffentlicht in: Evangelische Kommentare 12 (1979), S. 724f.

zu erbringender Dienstleistungen nicht erzwingbar ist, die es vielmehr erlaubt, aus sich selbst herauszugehen, um sich dem anderen zuzuwenden, sich in ihn hineinzuversetzen, seine Bedürftigkeit und Not zu erkennen, ihm zu helfen und für ihn da zu sein.

Die Frage nach einer solchen Freiheit führt in den Bereich elementarer Betroffenheit, in dem sich ein Mensch angesprochen und herausgefordert sieht. Ob uns beim Bedenken dieses Bereiches das Wort »Barmherzigkeit« helfen kann, obwohl es nicht zufällig, wie wir sahen, verbraucht zu sein scheint, wird sich zeigen. Notwendig ist ein Wort, wenn es etwas zu sagen hat, was ein anderes Wort nicht oder nicht in derselben Deutlichkeit sagt.

II.

»Barmherzigkeit«, Lehnübersetzung des lateinischen misericordia, besagt in der genauen Bedeutung des zusammengesetzten Wortes: bei dem Armen sein Herz zu haben. Barmherzigkeit ist bestimmte Liebe, der Gegensatz zur Hartherzigkeit, in der ich mich vor der Not des Nächsten verschließe und damit auch meine eigene Not und Bedürftigkeit vergesse.

Für die Bewegung der Barmherzigkeit sind vier Momente konstitutiv: das affektive, ekstatische, deszendierende und solidarische. Barmherzigkeit ist Sache des ganz nach außen gekehrten Innersten, des Herzens, nicht mit moralischer Entschlossenheit gleichzusetzen, sondern ihr zugrunde liegend; das Herz ist jene elementare Macht des Emotionalen, die den Willen besetzt und selbst wiederum geleitet ist von bestimmten Bildern, Liedern und Geschichten. Barmherzigkeit läßt den, der von ihr bewegt ist, nicht bei sich selbst. Sie ist keine in sich selbst geschlossene Gesinnung und sich selbst genügende Haltung. In ihr gerät der Mensch außer sich, um in Liebe und Leidenschaft beim Geringeren zu sein. Sie gilt dem Armen und Elenden, nicht dem Reichtum und Glanz; Blick und Wille richten sich nach unten. Hilfsbedürftiger und Helfer sind durch eine Gemeinsamkeit verbunden, von der gleich die Rede sein wird. Zunächst aber darf eine zwischen ihnen bestehende Ungleichheit nicht übersehen werden. Ohne Ungleichheit keine Hilfe. In einer bestimmten Notsituation kann nur der Starke dem Schwachen, nur der Erwachsene dem Kind, nur der Junge dem Alten, nur der Gesunde dem Kranken, nur der Reiche dem Armen helfen – und umgekehrt. Die Ungleichheit jedoch, in der Hilfsbedürftiger und Helfer einander begegnen, ist umfangen und durchdrungen von einer noch größeren Gemeinsamkeit und Gleichheit. Sie besteht in der Geschöpflichkeit und in der von dieser zu unterscheidenden Not-Gemeinschaft, die mit dem Verlust der Gottebenbildlichkeit gegeben ist.

III.

So universal diese zweifache Gemeinsamkeit ist, so sehr sie alle Menschen als Menschen umfaßt und durchdringt, so wenig versteht sie sich von selbst. Das gehört offenbar auch zu unserer condition humaine – zu den Bedingungen des Lebens unter dem Verlust der Gottebenbildlichkeit. Verstünde sie sich von selbst, hätte Jesus die Geschichte des barmherzigen Samariters nicht erfinden und erzählen müssen, dann blieben wir nicht darauf angewiesen, daß sie uns immer wieder neu erzählt wird. Die Evidenz dieser erzählten Barmherzigkeit ist eine bleibend sprachlich vermittelte Evidenz.

Wird von dieser Vermittlung zwar nicht abgesehen, ihr jedoch eine Immanenz unterstellt, in der sie sich wirkungsgeschichtlich-institutionell tradiere und sich im allgemeinen Bewußtsein gleichsam von selbst halte, gerät man in den Sog der Illusion einer selbstgewissen Moralität und einer von dieser vorausgesetzten und implizierten selbstbezogenen Subjektivität und Freiheit; Hochmut und Verzweiflung werden dann unausweichlich.

In diesem Hochmut und dieser Verzweiflung sind zusammen mit der sprachlichen Vermittlung der Evidenz der Barmherzigkeit die eigene Not (Auch du warst in der Knechtschaft, in Ägypten! 5. Mose 5,15) und die eigene Errettung vergessen. Deshalb muß man eigens aufgerufen werden, sich aufrufen lassen: »Und vergiß nicht, was er dir Gutes getan hat« (Psalm 103,2)! Dem Vergessen kann aufgeholfen werden, wenn man die Psalmen gebraucht. Das Gebet der Klage-Erhörungspsalmen, erzählend erinnerndes Bekenntnis von Not und Errettung, ist die Voraussetzung der Hinwendung des Herzens zu dem Armen. Barmherzig sein kann nur der, der seine eigene Not und Errettung nicht vergißt.

Mit der Einsicht in die bleibende Angewiesenheit auf die sprachliche Vermittlung der Barmherzigkeit stellt sich die Frage, ob diese Vermittlung von jedem Menschen geleistet werden kann. Oder bedarf es in dieser Vermittlung und zu ihr einer besonderen Kompetenz, einer besonderen Vollmacht?

Achten wir auf die Geschichte der Auferweckung des Jünglings zu Nain, die treffender die Geschichte der Tröstung seiner Mutter ist: Jesu affektive Zuwendung zu der Mutter (Lukas 7,13) ist keine leere Gesinnung, die sich in bloßem Gefühl Ausdruck verschaffte. Seine Teilnahme an ihrem Schmerz bleibt auch nicht auf der Ebene der Solidarität; er leidet nicht ohnmächtig mit. Gegen die Not und die in ihr sich manifestierende Zerstörungsmacht ist er auch nicht nur aggressiv, »zornig« (Textvariante von Markus 1,41). Seine Teilnahme geht über das menschliche Maß des Mitleids und der Empörung hinaus. Er wendet die Not, heilt den Schmerz; er tröstet effektiv.

Jesus ist der Herr und Retter, der die Not wendet, nicht etwa zur Einsicht ins Unvermeidliche verhilft. Denn er ist nicht der stoische Logos und vermittelt ihn auch nicht.

Es ist nicht unnötig, den zutiefst antistoischen Zug des Evangeliums hervorzuheben. Denn die Stoa gehört zu den schwersten Belastungen des Christentums. Jeder Pfarrer kann dies erfahren, wenn er beim Trauerbesuch Menschen unter dem vermeintlich frommen Gesetz antrifft, das ihnen vorschreibt, sich still und gefaßt in den Willen Gottes zu schicken, die Leidenschaften nicht aufkommen zu lassen, sondern sie immer schon besiegt zu haben und nicht zu klagen und zu weinen.

Der Stoiker hütet sich vor den Leidenschaften, weil er fürchtet, nicht Herr seiner selbst zu bleiben, sondern Knecht zu werden, sich in die Sinnlichkeit und Bedürftigkeit zu verlieren, sich vom Mitleiden hinreißen zu lassen, sich mit den Fröhlichen zu freuen und mit den Weinenden zu weinen. Auch Kant ist Stoiker, insofern er im Blick auf die Moralität menschlichen Handelns nur das Vernunftbedürfnis gelten läßt (s. o. S. 81–83).

IV.

Die Frage nach einer besonderen Kompetenz und Vollmacht in der sprachlichen Vermittlung der Evidenz der Barmherzigkeit entscheidet sich daran, ob man sich mit dem Tod abfinden will. Wird der Tod als Herr anerkannt, dann bleibt Barmherzigkeit ohne Trost.

Was Menschen außerhalb des Bekenntnisses der Auferwekkung Jesu Christi in Mitleid und Empörung leiden und vollbringen, finde ich beispielhaft bei Max Horkheimer ausgesprochen. Soll »Barmherzigkeit« bedacht werden, dann läßt sich weitere Klarheit gewinnen, wenn wir auf Horkheimers Eintreten für das achten, was ich Barmherzigkeit ohne Trost nennen möchte.

Gegen metaphysisches Reden vom höchsten Wesen beschwört Horkheimer die in der Tiefe des Leidens begründete Solidarität alles Lebendigen. Wie umfassend sie gemeint ist, sagt der 1934 in der »Dämmerung« erschienene Aphorismus »Der Wolkenkratzer«, eine Allegorie des gegenwärtigen Weltgebäudes: »Unterhalb der Räume, in denen millionenweise die Kulis der Erde krepieren, wäre dann das unbeschreibliche, unausdenkliche Leiden der Tiere, die Tierhölle in der menschlichen Gesellschaft darzustellen, der Schweiß, das Blut, die Verzweiflung der Tiere.«

Bezeichnenden Ausdruck verschafft sich Horkheimers Intention in seinem Aufsatz über »Religion und Philosophie« (1966)[1], der sich in erregender Nähe zu einer von Gottes Erniedrigung aus denkenden Theologie und ihrer Metaphysikkritik bewegt. Wie diese stellt sich Horkheimer gegen die klassische Metaphysik, die »das Gute mit dem Oberen und Ersten assoziiert« (230) und dieses »Anfang« nennt, was im Griechischen nicht zufällig zugleich auch »Herrschaft« bedeutet. Im Gegensatz und Widerspruch dazu suchte »der Stifter christlichen Denkens, höchst nonkonformistisch, das Gute eher bei den Niederen und Letzten« (Ebd. Dabei ist freilich eine Verkehrung des Sachverhalts, die in der Auslegung der Makarismen der Bergpredigt verheerende Folgen hat,

1. In: *M. Horkheimer:* Zur Kritik der instrumentellen Vernunft. Aus den Vorträgen und Aufzeichnungen seit Kriegsende, hg. von *A. Schmidt,* 1974, S. 229–238.

nicht zu übersehen: Jesus suchte es nicht bei ihnen, sondern brachte es ihnen.)

Diesen Weg nach unten, nicht hinaufzublicken, sondern hinabzublicken und heraufzublicken, den Weltgrund nicht in einem Höchsten, sondern in einem Tiefsten zu suchen, sieht Horkheimer von Schopenhauer beschritten. Er nimmt dessen Werk als den »letzten großen Versuch, den Kern des Christentums zu retten« (233). Philosophisch leuchte es eher ein als andere Bemühungen. »Die das Christentum stützenden Argumente der pessimistischen Philosophie ... sind jedenfalls plausibler als die der Rationalisten und selbst des Kritizismus, der ihnen in seinem praktischen Teil recht nahesteht« (235). »Die Begründung der Nächstenliebe aus dem Gedanken, daß alles, was besteht, in letzter Linie Eines ist, hält kritischer Besinnung noch eher stand als der Rekurs aufs höchste Wesen« (236).

Indem er den »Rekurs aufs höchste Wesen« abweist, widerspricht Horkheimer einer lange Zeit übermächtigen metaphysischen Tradition. Er weckt freilich zugleich die Frage, ob sein ausdrücklich und entschieden metaphysikkritisches Denken in dem »Gedanken, daß alles, was besteht, in letzter Linie Eines ist«, nun nicht die gemeinsame Erfahrung des Leidens verabsolutiert und zur negativen Metaphysik eines tiefsten Wesens rundet, obwohl er mit jedem Absolutismus auch einen »antitheoretischen Absolutismus«[2] vermeiden möchte.

So sehr christliche Theologie mit Horkheimer darin übereinstimmt, daß das Ethos nicht mit der Frage »Was soll ich tun?« beginnt, sondern mit der ihr weit voraus und tief zugrunde liegenden Erfahrung der Not und des Leidens, so sehr muß sie widersprechen, wenn dieses zum Urdatum erklärt und in der Folge davon gesagt wird: »Besser wäre Nichts als das, was ist. Die Rechtfertigung der christlichen Moral resultiert aus solcher Negation ...« (235).

2. *M. Horkheimer:* Kritische Theorie. Eine Dokumentation, hg. von *A. Schmidt*, Bd. II, 1968 (201–259: Montaigne und die Funktion der Skepsis), S. 259.

V.

Christliche Moral rechtfertigt sich, wenn überhaupt, aus dem Erbarmen Gottes. Jedenfalls beruft sie sich für ihre Zumutungen darauf (Römer 12,1). Dieses Erbarmen aber ist nicht ohne Trost; Trost und Erbarmen sind eines.

Falschen Trost brächte der »Rekurs aufs höchste Wesen«, mit dem das Leiden überspielt oder gerechtfertigt wäre. Der wahre Trost aber ist mit dem Erbarmen Gottes identisch, der sich dem Niedrigen in der Tiefe zuwendet und Gemeinschaft durch den Tod hindurch zusagt und schafft. So kann die Einheit von Barmherzigkeit und Trost mit der Überwindung der Todesmacht im Lobpreis bekannt werden (2. Korinther 1).

Der Widerspruch gegen einen »Rekurs aufs höchste Wesen« verbindet sich mit einem Widerspruch gegen einen Rekurs auf ein tiefstes Wesen totaler Negativität, weil die Klage gewendet ist und das Lob trostvoller Barmherzigkeit sich aus der Tiefe erheben darf.

6.
Wissenschaft und Freiheit*

I.

Auch eine neugegründete Universität wie die Ruhr-Universität Bochum setzt die theologischen Abteilungen an die Spitze. Weshalb? Aus Rücksicht auf die Wissenschaftsgeschichte – darauf, daß die Theologie einst, im Mittelalter, die Universität bestimmt hat? Aus Anerkennung also einer früheren Bedeutung? Aber warum soll die Erinnerung daran wachgehalten werden? Mutet die formale Spitzenstellung der theologischen Abteilungen, wenn man sich überhaupt über sie wundert und sie bedenkt, nicht eher wie ein Relikt an, das zwar an einen früheren Anspruch und eine ihm entsprechende Wirklichkeit erinnert, die heutige Wirklichkeit aber eben nur in ihrem Mißverhältnis zur vergangenen markiert?

Doch folgen wir ruhig einmal der Spur, auf die uns die Plazierung der theologischen Abteilungen bringt, und lassen wir uns erinnern an jene Zeit, in der die Theologie im Blick auf ihre Sache weiträumig gewesen ist und das Ganze zu denken versucht hat.

Die vor 500 Jahren gegründete Universität Tübingen führt in ihrem Siegel die Gestalt Jesu Christi. Die rechte Hand hat er in der Gebärde vollmächtigen Lehrens erhoben; in der linken trägt er die Erdkugel, auf der das Kreuz aufgerichtet ist. Er steht auf zwei Folianten; auch die von ihnen symbolisierte Wissenschaft ist ihm untertan. Ein Spruchband faßt den Anspruch ins Wort: ego sum via, veritas et vita; ich bin der Weg, die Wahrheit und das Leben (Joh 14,6).

---

* Erstmals veröffentlicht in: RUB-Winter (5). Schriftenreihe der Ruhr-Universität und der Stadt Bochum, hg. von *R. Koschnitzke* und *E.-A. Plieg:* Auch Demokratie ist Herrschaft, Bochum 1978, S. 73–82; als Vortrag im Bochumer Rathaus am 22. November 1977 gehalten.

Die junge Ruhr-Universität Bochum hat sich mit ihrem Siegel unter das Patronat zweier Gestalten der griechischen Mythologie, des Brüderpaares Epimetheus und Prometheus, begeben.

Das Brüderpaar ist ungleich: Rechts der tatkräftig Arme und Beine rührende Prometheus, das den Göttern entrissene Feuer in der Hand; links, seinem Bruder zugewandt, der auf dem Standbein beharrende und mit seinem gelockerten Spielbein seine Muße anzeigende Epimetheus, die Fingerspitzen der einen Hand nachdenklich am Kinn, in der andern Hand die Buchrolle.

Will mit Buchrolle und Feuer die Ruhr-Universität ihr Verhältnis zu dem sie umgebenden Industriegebiet ins Bild setzen? Oder soll das Verhältnis von Natur- und Geisteswissenschaften gemeint sein? Beides ließe sich denken. Doch nach Auffassung des Gründungsausschusses kann man das Symbol nur mit Griechischkenntnissen verstehen, durch die sich die Namen der Brüder erschließen: Epi-metheus, der »Nach-denkende«, und Pro-metheus, der »Voraus-denkende«. So heißt es denn von ihnen in einem Protokoll vom März 1965, daß sie »die der Universität angemessenen Haltungen des Vordenkens und des Nachdenkens versinnbildlichten«.

Beides, das Vor- und das Nachdenken, ist eines, wie denn auch die beiden Brüder einander zugewandt sind. Ich möchte dieser einen Aufgabe der Universität mit dem, was ich im folgenden sagen werde, zu entsprechen suchen – so freilich, daß dabei das Tübinger Siegel nicht vergessen wird.

II.

Mit diesem zweiten Teil versuche ich, die zum Verständnis unserer gegenwärtigen Situation wichtigen wissenschaftsgeschichtlichen und religionssoziologischen Momente zu erinnern, um zu einer angemessenen Formulierung der mit unserem Thema gegebenen Problematik zu finden.

Das Bochumer Brüderpaar weist im Zusammenhang griechischen Geistes auf ein anderes Verständnis von Wissenschaft und Freiheit als die Tübinger Christusgestalt. Zwar versuchte man immer wieder – und versucht in bestimmten Formen bis zur Gegenwart –, das griechische und das jüdisch-christliche Verständnis von Wissenschaft und Freiheit zusammenzudenken. Aber die Synthese glückte nie bruchlos. Und für uns heute ist sie mehr denn je zu einem Problem geworden.

Kennzeichnend für das griechische Verständnis ist die Trennung von Kopf- und Handarbeit. Das Denken und die Gestaltung der Polis, Wissenschaft und Politik also, sind den Freien vorbehalten. Die Auseinandersetzung mit der Natur in der Handarbeit dagegen ist den Sklaven überlassen sowie den Handwerkern, den »Banausen«. Denn nur der kann das Allgemeine bedenken, der nicht an das sperrige Einzelne gebunden ist, sondern freie Zeit und Muße zum Denken und zum Gespräch in der Öffentlichkeit hat. Entsprechend kommt der politischen Betätigung, der *praxis*, ein unvergleichlich höherer Rang zu als der Herstellung der Lebensmittel, der *poiesis*. Doch auch die *praxis* wird noch überboten – von dem, worin der freie Bürger die Erfüllung seines Lebens sieht: von der Wissenschaft als der *theoria*, der Kontemplation, von der Schau des Göttlichen als des Inbegriffs der Ordnung des Kosmos und der Polis. Erst die Theorie gewährt wahre Freiheit.

Das ist der Gegensatz zu jener neuzeitlichen Grundausrichtung, in der man der Freiheit nicht mit der reinen Tätigkeit der Theorie inne wird, sondern in der Arbeit, wie sie, vor allem, in der Auseinandersetzung mit der Natur besteht.

Mit diesem Verständnis handfester Arbeit ist das jüdisch-christliche Verständnis beerbt.

Grundlegend erzählt die biblische Urgeschichte, daß der Arbeit für das Menschsein fundamentale Bedeutung zukomme.

Dabei kennt sie, im Unterschied zu Prometheus und Epimetheus, die Trennung von Kopf- und Handarbeit nicht; sie weiß nichts von einer »leidenschaftslosen Stille der nur denkenden Erkenntnis«[1]. Denn für sie ist »Erkenntnis« lebenspraktischer und sinnlicher Umgang mit dem Erkannten.

Daß Arbeit erst frei mache, ist damit aber nicht behauptet. Umgekehrt: Der frei gemachte, der frei geschaffene Mensch als der zur Freiheit gerufene und gesegnete arbeitet. Er nimmt die ihm zugesprochene und eingeräumte Freiheit zum Herrschen (Gen 1,28) in der Arbeit (Gen 2,5 und 15) wahr, da er die »Namen der Tiere« nicht vorfindet, sondern sie ihnen zu geben frei, damit aber auch sie ihnen zu geben genötigt ist (Gen 2,19f.).

Die Arbeit ist wichtig. Bleibt sie aber das Einzige, ist das Menschsein verfehlt. In aller Deutlichkeit ist von ihr die Mitmenschlichkeit, wiewohl mit ihr verschränkt, unterschieden und ihr übergeordnet (Gen 2,18ff.).

In beidem aber, in seiner Arbeit und seiner Mitmenschlichkeit, ist der Mensch umfangen und geschützt von Gottes Ruhe. Wurde der Sabbat von den Juden noch am siebten Tag gefeiert, wird für die Christen der Sonntag der erste Tag der Woche. Der Werktag gründet also in der Freiheit des Feierns, das deshalb am Platz ist, weil Gott das Entscheidende getan hat. Das Werk des Menschen, auch seine wissenschaftliche Arbeit, entspringt der von Gott gewährten Ruhe und ist zu ihr unterwegs (Hebr 3,7–4,13; Apk 14,13).

Obwohl diese Ruhe und der sie gewährende Gott selber, weil Leben und Gespräch, nicht nur bewegend, sondern selbst leidenschaftlich bewegt, also keineswegs jene »leidenschaftslose Stille der nur denkenden Erkenntnis« ist, geschah es, daß sie mit dem unbewegten Beweger, dem Gott des Aristoteles, verwechselt und vermischt wurde. So konnte der Versuch unternommen werden, das in der Schau der ewigen Wahrheit liegende Ziel der griechischen Theorie des Freien zusammenzuschauen mit jener Freiheit der Ruhe Gottes als dem Grund und Ziel der im biblischen Sinne verstandenen Arbeit und Mitmenschlichkeit.

Es ist vornehmlich das abendländische Mönchtum, von dem diese Synthese gedacht und gelebt wurde – freilich in der ständi-

---

1. *G.W.F. Hegel:* Vorrede zu »Wissenschaft der Logik«, 2. Ausgabe (1831), Suhrkamp-Werkausgabe, Bd. 5, S. 34.

gen Spannung der Frage nach dem rechten Verhältnis von aktivem und kontemplativem Leben, von Arbeit und Gebet.

Innerhalb dieser spannungsvollen Synthese war gleichwohl etwas im Vergleich zum griechischen Verständnis von Wissenschaft und Freiheit unerhört Neues geschehen: Die Handarbeit galt nun als eines freien Mannes durchaus würdig. Vor allem in dieser Hinsicht können Werk und Wirkung der Benediktiner, besonders in ihrer zisterziensischen Erneuerung, nicht überschätzt werden. Daß der mittelalterliche und neuzeitliche freie Bürger sich vom antiken durch seine *industria*, seinen Gewerbefleiß, sein »ehrliches Handwerk«, unterscheidet, verdankt er dem im Mönchtum wieder konkret und wirksam gewordenen ganzheitlichen biblischen Arbeitsverständnis. Beredtes Zeichen und Zeugnis dieser Revolution nicht nur der Denkungsart ist die Aufnahme der Mechanik in den Wissenschaftsbegriff – jedenfalls in den des weitverbreiteten Didascalicon Hugos von St. Victor (1097–1141). Die reinen Kreise der »sieben freien (d. h. eines freien Mannes würdigen) Künste«, in denen sich die antike Bildung tradierte, wurden dadurch gestört – wenngleich es noch bis zum 20. Jahrhundert dauern sollte, bis die Ingenieurswissenschaften in die Universität integriert wurden. Ein weiteres Zeichen der besagten Revolution ist es, wenn das Bild des *homo faber*, des mit der Hand arbeitenden Menschen, an den Kirchen erscheint – wie in Andrea Pisanos Zyklus der biblischen Urgeschichte am Campanile des Domes von Florenz. Meines Wissens ist es an den Giebelfeldern griechischer Tempel nicht zu sehen.

Wiederum vor allem im Mönchtum wird das Wort der biblischen Urgeschichte »Machet euch die Erde untertan!« (Gen 1,28) nicht nur auf die äußere Natur – auf den zu bearbeitenden Ackerboden oder auf das zu bearbeitende Erz – bezogen, sondern auch auf die innere Natur – auf die zu bearbeitenden Triebe und Leidenschaften. So entspricht dem Außenaspekt der Handarbeit der Innenaspekt der Askese; nach Martin Luthers Schrift »Von der Freiheit eines Christenmenschen« – ich werde auf sie noch zurückkommen – ist die Askese freilich ganz in den Dienst am Mitmenschen gestellt. Achtet man zudem noch auf die der Mahnung »Kaufet die Zeit aus!« (Kol 4,5; Eph 5,16) entsprechende Einstellung, dann sind die Hauptmomente dessen erinnert, was, entscheidend befördert durch das neue, reformatorische Berufsverständnis, als »innerweltliche Askese« im protestantischen, vor allem puritanischen, Bereich allgemein bestimmend und den Menschen geradezu zur zweiten Natur geworden ist.

Verbunden mit dem neuzeitlichen Wissenschaftsbegriff, dem es immer weniger um die Kontemplation dessen, was ist, ging, sondern – mittels Hypothesenbildung – um die Konstruktion dessen, was noch nicht ist, hat jene »innerweltliche Askese« das Gesicht unserer Welt geprägt. Es ist die Freiheit in der Form dieser Askese, die heute den Wissenschaftler mit dem Arbeiter verbindet – einer Askese und Rationalität, deren hervorstechendstes Merkmal die unmenschlich weit getriebene Arbeitsteilung, die Spezialisierung, ist. Durch sie gelangen moderne Wissenschaft und Arbeitswelt zu einer ungeheuren Steigerung menschlicher Produktionskraft und zugleich zu einer früheren Zeiten unvorstellbaren Emanzipation von der Natur (man denke nur an die Medizin und Pharmazie, besonders etwa an die Geburtenregelung!).

Ein verhängnisvolles Ergebnis dieser Entwicklung ist die Verselbständigung der Produkte gegenüber ihren Produzenten, auf die sie feindlich, ja lebensbedrohend zurückwirken.

Wie ist dieser Verselbständigung Herr zu werden? Man erkennt, daß die Produkte sich durch bloßes Machen und Herstellen, allein durch *poiesis*, nicht mehr kontrollieren lassen und fragt deshalb nach der Möglichkeit einer politischen Freiheit, die sich von der durch Arbeit erreichten Emanzipation von der Natur unterscheidet und diese Emanzipation zu umgreifen und steuern vermag. Damit wäre die griechische Unterscheidung von *poiesis* und *praxis* wiederaufgenommen – freilich unter der Bedingung des Gedankens der Gleichheit aller Menschen – und zugleich die biblische Unterscheidung der Arbeit von der ihr übergeordneten Mitmenschlichkeit beachtet.

Kann nun zur Bildung, Entwicklung oder auch nur Stärkung einer solchen politischen Freiheit, in der der *homo sapiens* des *homo faber* Herr wird, die Wissenschaft, wie sie gegenwärtig betrieben wird, helfen oder gar verhelfen?

Bei der Beantwortung dieser Frage ist Skepsis geboten. Zu sehr ist die Wissenschaft, nicht nur als Naturwissenschaft, zu einem entscheidenden Produktionsfaktor geworden. Sie setzt sich weithin nicht frei ihre Ziele, setzt sich ihre Ziele nicht selbst, sondern dient als Mittel einem ihr vorgegebenen Zweck – vor allem als außerhalb der Universität betriebene Großforschung. Selbst »Freiheit« (im Sinne von Privilegien) und Muße, Zeit also auch zu Holzwegen und nicht unmittelbar nützlichen Gedankenexperimenten, werden zu kalkuliert gewährten und eben auch angenommenen Mitteln, am Ende dann doch die von privaten Auftraggebern oder von der öffentlichen Meinung erwartete Leistung zu erbringen. Der *homo ludens*, der Mensch im Spiel, als Produktionsfaktor! Sollte es die leidenschaftsloser Stille entsprungene »nur denkende Erkenntnis« geben, so wäre auch sie nicht davor sicher, nach ihrem Marktwert beurteilt zu werden.

Kann Wissenschaft diesem Zug und Zwang, funktionalisiert zu werden, widerstehen? Kann sie gar, was die Hoffnung mancher ist, den Spieß umkehren und durch die Art der in ihr als einer Forschergemeinschaft spielenden Verständigung jene Freiheit vorleben, die der besagten doppelgesichtigen Emanzipation Herr werden könnte? *Gemeinsame* Freiheit also?

Aber: Welchen Grund hat diese Hoffnung? Trügt sie nicht? Sollte man die Freiheit der Wissenschaft nicht eher, wie es dem Leitbild der Humboldtuniversität entspräche, der Einsamkeit des einzelnen Forschers und Lehrers, seiner innersten Gesinnung und seinem eigenen Gewissen anvertraut sehen? *Einsame* Freiheit also?

Jedesmal jedoch, ob man nun die Freiheit der Wissenschaft primär an die Gemeinsamkeit aller Forscher oder an die Einsamkeit des jeweils einzelnen Forschers gebunden sieht, bricht die Frage nach dem Forum auf, vor dem der Wissenschaftler mit seiner Arbeit sich letztlich zu verantworten hat.

Mir scheint dies die entscheidende Frage zu sein, die uns das Thema »Wissenschaft und Freiheit« aufgibt.

III.

Den dritten und letzten Teil, zugleich Hauptteil, möchte ich vorweg in folgende These zusammenfassen: *Das Forum, vor dem der Wissenschaftler mit seiner Arbeit sich letztlich zu verantworten hat, ist zugleich der Grund seiner Freiheit.*

Wird die Freiheit der Wissenschaft wie die Freiheit des Glaubens und Gewissens zusammen mit den andern Grundrechten als unverletzliches und unveräußerliches Menschenrecht anerkannt und geschützt – wie vom Grundgesetz der Bundesrepublik Deutschland (Artikel 5,3) –, dann besagt dies zugleich, daß sie als das anerkannt und geschützt wird, was ihrer politischen Anerkennung und ihrem politischen Schutz *vorausgesetzt* ist. Wird sie geschützt, ist damit zugleich gesagt, daß sie durch solchen Schutz nicht gebildet wird. Das Grundgesetz verweist selbst auf einen von der politischen, jedenfalls aber staatlichen Sphäre verschiedenen Raum, in dem Freiheit sich bildet. Es setzt sie voraus und unterläßt es zugleich, sie näher zu bestimmen. Damit enthält sich der Staat eines totalitären Anspruchs und kann, entsprechend, auch nicht das Forum sein wollen, vor dem der Wissenschaftler mit seiner Arbeit sich letztlich zu verantworten hat.

Um so dringlicher stellt sich die Frage, in welchem Raum Freiheit sich bildet.

Das Grundgesetz und die Traditionen, denen es verpflichtet ist, reden im Blick auf jenen Raum vom »Glauben« oder – allgemeiner – vom »Gewissen« und von der »Gesinnung«.

Sieht man den Glauben, das Gewissen und die Gesinnung vornehmlich der Einsamkeit des Individuums anvertraut, dann folgt man der *liberalen* Tradition, die weithin bestimmend geworden ist. Da sie gerade im letzten Jahrzehnt oft vorschnell kritisiert wurde, möchte ich daran erinnern, daß die Berufung auf das Gewissen als, wie Kant es nannte, den »inneren Gerichtshof«[2] politisch durchaus eine umfassende Gemeinsamkeit befördern kann und, jedenfalls bei Kant, mit einem Eintreten für eine t – mit der Bemühung um die Herstellung eines, wie Kant hofft, innergeschichtlich erreichbaren Weltfriedens.

In jeder der zahlreichen zwischen liberaler und marxistischer Akzentsetzung sich hin und her bewegenden Konzeptionen der Zeit nach 1789 konkretisiert sich jeweils besonders, was die vorangestellte These allgemein formuliert.

Diese These ist so weit wie möglich und so bestimmt wie nötig. So weit wie möglich, um noch den äußersten Horizont metaphysi-

2. *I. Kant:* Metaphysik der Sitten (1797), in: Immanuel Kant. Werke in zehn Bänden, hg. von *W. Weischedel*, Bd. 7; 4., nochmals überprüfter ergänzter reprografischer Nachdruck; Darmstadt 1971, S. 303–634; S. 573

schen Fragens nach Anfang und Ende mitzuerfassen – freilich schon in einer bestimmten, auf die Ethik, Geschichtsphilosophie und Wissenschaftstheorie ausgerichteten Fassung. Damit ist die These zugleich so bestimmt gefaßt, wie es für die Behandlung der Problematik »Wissenschaft und Freiheit« nötig ist. Die der Universität nach dem Bochumer Siegel und Sinnbild gestellte Aufgabe des Vordenkens und des Nachdenkens wird dabei so wahrgenommen, daß nach dem Verantwortungsforum vorgefragt und nach dem Freiheitsgrund zurückgefragt wird, indem freilich beide Fragen als eine begriffen werden. In griechischem Sinne jedoch wird diese Frage in entscheidenden Dimensionen nicht mehr gestellt; jede gegenwärtige liberale und marxistische philosophische Konkretion ist nachchristlich, insofern sie im Horizont der *Verantwortung* und die Freiheit als prinzipiell *jedem* zukommend denkt.

Ist die Freiheit des Wissenschaftlers prinzipiell dieselbe wie die eines jeden andern Menschen und das Forum seiner Verantwortung das denkbar weiteste, dann läßt sich die Wissenschaft *nicht positivistisch* betreiben.

Es mag eine auf den ersten Blick bestechende Geste der Selbstbescheidung sein, die Frage nach dem Ganzen nicht mehr zu stellen und sich, dem Zug zur Arbeitsteilung und zum Spezialistentum folgend, allein einem kleinen Ausschnitt und der Erfassung eines Teilbereiches zuzuwenden, um durch Teilen zu herrschen und kurzfristig Erfolge zu erzielen. Doch die Weltprobleme sind derart, daß nicht nur beispielsweise die Sozial- und Geschichtswissenschaften nicht umhin können, nach dem Ganzen zu fragen – nach Ideen zu einer allgemeinen Geschichte in weltbürgerlicher Absicht, nach der Bedingung der Möglichkeit gelingender Verständigung und nach Dialogregeln, die allgemein gelten können. Auch in der Naturwissenschaft läßt sich angesichts der ökologischen Krise die Frage nicht mehr unterdrücken, ob der Lauf neuzeitlicher Wissenschaft unkorrigiert bleiben könne und was denn der umfassendste Horizont der Verantwortung sei.

Theologie nun entspräche dem kritisierten Positivismus, wenn sie die Frage nach dem Ganzen nicht mehr stellte. Dann verkümmerte sie zur Beschäftigung mit einer frommen Provinz als einem Gegenstandsbereich unter anderen, hätte aber den Weltenherrn des Tübinger Siegels aus dem Blick verloren.

Wahre Theologie aber verdrängt als die Wissenschaft, die die Rede von Jesus Christus bedenkt, die Frage nach dem Ganzen nicht. Sie teilt vielmehr das in allen Menschen tief verwurzelte metaphysische Bedürfnis, »Warum?« und »Wozu?«, nach Anfang und Ende zu fragen. Ihr besonderes Interesse gilt diesem Bedürfnis, wenn es in der ihr selbst entsprungenen und allgemein gewordenen Frage nach dem Verantwortungsforum und Freiheitsgrund erscheint. Es kommt freilich darauf an, *wie* Anfang und Ende, Verantwortungsforum und Freiheitsgrund, zusammengehen, ob wir zur Freiheit verdammt oder von der Verdammung befreit sind.

Zur Freiheit verdammt sind wir – zur Freiheit, die umfassendste Verantwortung nicht scheut. Carl Friedrich von Weizsäcker redet von der ungeheuren moralischen Anstrengung, die die Herstellung des Weltfriedens von uns fordere[3]. Ist es dann aber nicht so, daß vom Verantwortungsforum her mit jedem Menschen auch der Wissenschaftler vom unermeßlichen Gewicht einer Forderung belastet wird, die er tragen muß, aber nicht tragen kann? Das Verantwortungsforum wirkt dann als ehernes Gesetz, dem man auf keine Weise entrinnt, das vielmehr zu erfüllen ist.

Dieses fordernde, verklagende und verdammende Gesetz aber und mit ihm die metaphysische Frage zerbrechen an jenem Weltenrichter, der kein anderer ist als ein endlicher Mensch – der Mensch Jesus von Nazareth. Weil er das Leben intendierende Gesetz erfüllt und dessen als Zwang wirkende Abstraktion zerbrochen hat, freut sich seine Gemeinde und singt: »A und O, Anfang und Ende, steht *da!* Gottheit und Menschheit vereinen sich beide. Schöpfer, wie kommst du uns Menschen so nah!« (Evangel. Kirchengesangbuch; Lied 53, Strophe 1). Diese Nähe des Schöpfers ist Freiheit – die Freiheit der *neuen* Schöpfung, in der das Verhältnis von Arbeit und Mitmenschlichkeit der ursprünglichen Bestimmung gemäß ist und die Menschen einander verstehen.

Die Frage nach dem Ganzen, die mit aller Leidenschaft zu stellen wir nicht unterlassen können, zerbricht also daran, daß der Weltenrichter keine abstrakte und darum ferne Idee ist, kein Ein-

---

3. *C.F. von Weizsäcker:* Bedingungen des Friedens. Mit einer Laudatio von Georg Picht anläßlich der Verleihung des Friedenspreises des deutschen Buchhandels 1963, Göttingen 1963, S. 18.

heitsprinzip, kein imaginärer Konvergenzpunkt, ohne dessen hypothetische Setzung man den Gedanken der Möglichkeit gelingender Verständigung nicht denken kann, kein Symbol für den »inneren Gerichtshof« in jedem Menschen. Er ist vielmehr, um dies nochmals hervorzuheben, eins mit dem Menschen Jesus, in dem Gott seine Freiheit dazu gebraucht, Knecht zu werden, der – fern davon, die Reinheit der Theorie zu suchen – seine Gottheit darin bewährt, bei uns zu sein im Dreck und in der Arbeit, daß ihm die Haut raucht – wie Luther in einer Predigt des Namens »Immanuel« (»Gott ist mit uns!«) sagt (WA 4,609). Und der der Herr und Richter aller als dieser *Knecht* aller ist.

Diese Nähe Gottes zu uns ist eine ungeheuere Entlastung. Wovon? Im Blick auf die Weltgeschichte seit 1789, seit der Französischen Revolution, gesagt: davon, Gott als das Absolute, als Grund unserer Freiheit politisch einholen und ins Werk setzen zu müssen. Das total gewordene Politische wird nach allen Erfahrungen immer totalitär – wie dies Albert Camus in seinem »L'Homme révolté« mit der Geschichte des »revolutionären« Menschen atemberaubend dargestellt hat.

Gottes menschliche Nähe entlastet uns davon, selbst für den Anfang und das Ende einstehen, uns selbst für den Grund unserer Freiheit verbürgen und das Letzte Gericht in die eigene Regie nehmen zu müssen. Kraft dieser Nähe werden wir vielmehr als endliche Menschen angesprochen, die nicht ihre eigenen Schöpfer und Richter zu sein brauchen.

Aus dieser Endlichkeit, zu der wir befreit sind, ergibt sich, daß sich nun keine Instanz als die Wahrheitsinstanz schlechthin aufspielen kann – nicht die Elite von Philosophen nach dem Vorbild von Platons »Staat«, keine Elite von Wissenschaftlern, keine Parteielite, erst recht kein einzelner. Vielmehr müssen verschiedene endliche Stimmen – einzelner Menschen, gesellschaftlicher Gruppen und Verbände, der Universität – einen relativen Spielraum und Freiraum haben dürfen.

Aus der Christusfreiheit ergibt sich für den Wissenschaftler eine sehr nüchterne, endliche Freiheit, in der er mit seiner theoretischen Tätigkeit nicht, wie bei den Griechen, der Wahrheit und dem Göttlichen näher ist als die mit der Hand arbeitenden Menschen.

Seine endliche, ihm gewährte und befristete Freiheit erlaubt ihm auch, da die Verantwortung für das Ganze nicht mehr abstrakt auf ihm liegt, sich Einzelnem und Besonderem zuzuwenden und dabei zu riskieren, in den Augen des, im Sinne von Camus, »revolutionären« Menschen mit einem Positivisten verwechselt zu werden.

Weiter: Ist der Wissenschaftler von dem Druck entlastet, alles wissen und beurteilen können zu müssen, dann ist er frei dazu, Kritik zu hören, frei dazu, seine Grenzen zu erkennen und sie nicht zu überspielen.

In der Zuwendung zum Besonderen liegt keineswegs eine Verkürzung der Verantwortung. So sehr gesetzliche Abstraktionen und Überforderungen aufgehoben werden, so sehr wird das Verantwortungsbewußtsein im Blick auf die Welt in ihren bedrängenden Nöten geschärft. Die Freiheit, die als Entlastung erfahren wird, eröffnet zugleich den denkbar weitesten Raum der Verantwortung, in dem nicht eine abstrakte Programmatik, sondern die konkreten Menschen in ihrem Leiden die entscheidende Stimme haben und um ihre Gegenwart nicht zugunsten einer reinen Zukunft betrogen werden.

Damit ist die wesentliche Intention und Perspektive der neuen Freiheit bereits angedeutet: die Ausrichtung auf den Mitmenschen, die sich aus Gottes Nähe und Menschlichkeit ergibt und ihr entspricht. Martin Luther hat in seiner schon erwähnten Schrift »Von der Freiheit eines Christenmenschen« eindringlich herausgestellt, daß ein Christ nicht in sich selber lebe, sondern in Christus und in seinem Nächsten – in Christus durch den Glauben, im Nächsten durch die Liebe, daß er ein freier Herr über alle Dinge und niemandem untertan sei und deshalb ein dienstbarer Knecht aller Dinge und jedermann untertan.

In ihrem spezifischen Zusammenhang sollte diese Begründung und Ausrichtung in einer Wissenschaftsethik zum Zuge kommen. Bislang nämlich zerfällt dieser Zusammenhang meist in zwei sich kaum mehr berührende Elemente – in das einer allgemeinen inneren Freiheit und das eines allgemeinen Dienstgedankens.

Die allgemeine innere Freiheit ergab sich in der Aneignung der zugesprochenen Christusfreiheit als mit sich selbst sich zusammenschließenden Selbstbezuges und in der Verkehrung zu *ihm*. In diesem Zusammenhang konnte es weiter dazu kommen, daß sich der Bezug auf den Freiheitsgrund und das Verantwortungsforum zu Haltungen, die sich selbst genügen, formalisiert hat. Gewissenhaftigkeit, Selbstkontrolle, Disziplin und stete Übung des methodischen Zweifels konnten an und für sich Geltung gewinnen und in dieser Verselbständigung zur inneren Verfassung der Wissenschaft, zu ihrem Gesetz, werden; die drohende Gefahr ist die des Götzen einer »Wissenschaftlichkeit an sich«.

Wie die innere Freiheit hat sich auch der Dienstgedanke verselbständigt. Dies geschah, indem er so allgemein wurde, daß an den Bedürfnissen konkreter Menschen vorbeigedacht und vorbeigeplant wird. Dem Anspruch nach ist er auch in der Wissenschaft unumstritten, in ihrem Betrieb selbst aber – unter Berufung auf die »Eigengesetzlichkeit« wissenschaftlicher Fragestellungen – oft suspendiert. Die den Menschen dienen sollenden Problemlösungen werden technisch, ohne Beteiligung der Betroffenen, diesen vermittelt (Man denke etwa an die Probleme der Sterbehilfe!). Die hier drohende Gefahr ist die des Götzen einer »Effektivität an sich«, einer »Dienstleistung an sich«.

Diesen Verkehrungen der »Freiheit zum Dienst« läßt sich nur wehren, indem wir die uns gewährte Zeit nicht nur außerhalb, sondern auch innerhalb der Arbeit, auch der wissenschaftlichen Arbeit, dazu gebrauchen, aufeinander zu hören und miteinander zu reden, um darin dem andern nicht in Abstraktionen zu begegnen und uns von ihm zu entfernen, sondern ihm in seiner Endlichkeit und Bedürftigkeit nahe zu sein. Geschähe dies recht, dann wäre dies Arbeit und Spiel zugleich und geschähe in jener Leben schaffenden Ruhe, von der wir herkommen und zu der wir unterwegs sind.